Verführerisch vegetarisch

Verführerisch vegetarisch

Gemüsegenuss
für jeden Tag

Chloe Coker und Jane Montgomery
Fotos von William Reavell

Jan Thorbecke Verlag

Für unsere Mütter, die aus ihren Küchen ein
Heim machten

Aus dem Englischen von Ursula Rasch

Alle Rechte vorbehalten
© der deutschen Ausgabe 2014 Jan Thorbecke
Verlag der Schwabenverlag AG, Ostfildern
www.thorbecke.de
© der Originalausgabe mit dem Titel
„The Vegetarian Pantry" 2013 erschienen bei
Ryland Peters & Small, London
© Text Chloe Coker und Jane Montgomery,
Design und Fotografie Ryland Peters & Small
2013

Umschlaggestaltung: Finken & Bumiller,
Stuttgart
Gedruckt in China
ISBN 978-3-7995-0446-1

Anmerkungen

Allgemeine Hinweise

- Wenn nicht anders angegeben, beziehen sich alle Mengen-angaben in Löffeln auf gestrichene Löffel.

- Falls nicht anders angegeben, werden Eier der Größe M verwendet. Kaufen Sie wenn möglich Bio-Eier. Rohe oder nicht vollständig durchgegarte Eier sollten kleinen Kindern, alten Menschen, Menschen mit geschwächtem Immun-system und Schwangeren nicht zum Verzehr angeboten werden.

- Wenn für ein Rezept die geriebene oder geschnittene Schale einer Zitrusfrucht benötigt wird, sollten Sie ungewachste Früchte kaufen und sie vor Gebrauch gründlich waschen. Behandelte Früchte bürsten Sie gründlich in warmem Wasser mit Seife und spülen Sie gut ab, bevor Sie sie verwenden.

- Der Backofen sollte jeweils auf die empfohlene Temperatur vorgeheizt werden. Alle Öfen reagieren unterschiedlich. Daher empfehlen wir Ihnen, ein Backofenthermometer zu verwenden und die Gebrauchsanweisung genau zu lesen, besonders wenn Sie einen Heißluftherd benutzen, da Sie die Temperatur entsprechend der Herstellerhinweise einstellen müssen.

- Käsesorten mit tierischem Lab sind für strenge Vegetarier nicht geeignet, daher lesen Sie bitte die Lebensmittelkenn-zeichnungen genau, um sicherzugehen, dass Sie einen Käse mit mikrobiellem Lab verwenden. In traditionell herge-stelltem Parmesan wird tierisches Lab verwendet, daher empfehlen wir einen anderen Hartkäse (wie zum Beispiel einen Gran Moravia, der die gleiche Konsistenz hat und sich daher gut zum Überbacken eignet) oder einen Parma (ein veganes Produkt). Mittlerweile gibt es aber auch mit mikro-biellem Lab hergestellten Parmesan, den wir hier verwenden. Eine zunehmende Zahl von Herstellern bietet mittlerweile auch vegetarische Alternativen zu klassischen Käsesorten wie Gruyère oder Gorgonzola an.

Inhalt

Einleitung

Wir lieben es, über lokale Bauernmärkte oder durch Supermärkte zu schlendern und all die frischen Waren anzusehen. Es gibt dort eine Fülle von Gemüse und Obst in den verschiedensten Farben, Größen und Formen. Die Auswahl reicht von Kartoffeln voller Erde über krumm gewachsene Karotten bis hin zu farbenfrohen Kürbissen und Tomaten in den unterschiedlichsten Gestalten. Wenn man die vielen verschiedenen Getreidesorten, Bohnen, Nüsse und Samen sowie frische und getrocknete Kräuter und eingemachtes Obst dazu nimmt, dann kann man damit ganz wunderbar einen Vorratsschrank mit natürlichen Lebensmitteln füllen, die jederzeit zu einer Vielzahl köstlicher Gerichte verarbeitet werden können.

Überraschenderweise entspricht das oft nicht der gängigen Vorstellung von vegetarischer Küche. Obwohl es wunderbare fleischlose Gerichte gibt, gilt die vegetarische Küche oft als fade, wenig kreativ und kompliziert. Unserer Meinung nach ist genau das Gegenteil der Fall. Eine negative Erfahrung sollte man nie verallgemeinern, und doch kann sie jemanden dauerhaft abschrecken.

Also, warum haben wir dieses Buch geschrieben? Wir sind beide keine strengen Vegetarierinnen, aber wir lieben frische, gesunde, saisonale, fleischlose Küche. Da Chloes Mutter seit über 40 Jahren Vegetarierin ist, wuchs Chloe auch vegetarisch auf. Jane dagegen war auf der Suche nach abwechslungsreichen, fleischlosen Rezepten, sowohl für sich selbst als auch für ihre Kunden, aber ihr fehlten die erhofften Ideen und passenden Anregungen. Bei einer Tasse sprachen wir über unseren Frust; dabei reifte der Plan, gemeinsam ein Buch mit einfachen, schmackhaften Rezepten zusammenzustellen, die nicht die Welt kosten und auf jeden einladend wirken sollten – von traditionell vegetarischen Köchen wie Chloes Mutter bis hin zu Fleischessern wie Janes Kunden, die auf der Suche nach etwas Neuem waren.

Wir wollen Sie nicht bekehren – wir wollen nur unsere Begeisterung für frisches, saisonales Essen mit Ihnen teilen, Sie anregen, ermutigen und bestärken. Dabei ist es egal, ob Sie streng vegan oder vegetarisch leben, ob Sie Fleischesser sind und nur etwas mehr Abwechslung wollen, oder ob Sie einen Vegetarier zu Gast haben und nicht wissen, was Sie kochen sollen. Wir möchten Ihnen mit diesem Buch Hilfsmittel und Inspiration mit auf den Weg geben, damit Sie sich diese fantastische Art zu kochen aneignen und etwas ganz Neues ausprobieren können.

Die Rezepte in diesem Buch konzentrieren sich auf das tägliche Kochen zu Hause – mit frischen Ideen für alle möglichen Anlässe: vom entspannten Brunch oder einer Cocktailparty mit Freunden bis hin zu einem leichten Mittagessen und schnellen Abendessen für die ganze Familie. Alle Rezepte lassen sich jederzeit an persönliche Geschmäcker und Vorlieben sowie an den Inhalt Ihres Vorrats- oder Kühlschranks anpassen.

Wir haben uns bemüht, verschiedenen Vorlieben gerecht zu werden, und deshalb auch vegane und glutenfreie Möglichkeiten aufgezeigt. Viele der Rezepte können ganz leicht Ihren Bedürfnissen angepasst werden – Milchprodukte lassen sich häufig vermeiden und Weizen (oder andere glutenhaltige Zutaten) können durch glutenfreie Alternativen ersetzt werden, so dass jeder unser Buch benutzen und damit Freude haben kann.

Chloe & Jane

Eine gesunde vegetarische Ernährung

Es gibt viele Definitionen einer vegetarischen Ernährung und viele Gründe, warum Menschen so leben, wie sie leben: ethische, ökologische, gesundheitliche, religiöse, finanzielle oder persönliche. Eine vegetarische Lebensweise kann bedeuten, dass man einfach auf Fleisch verzichtet. Andere verwenden auch keine Eier oder Milchprodukte (oder beides) oder leben vegan, ohne jegliche tierische Produkte, einschließlich Honig. Wenn man eine Gruppe von Lebensmitteln aus seiner Ernährung völlig ausklammert, ist es wichtig, die Balance der wichtigsten Nährstoffe zu erhalten.

Was ist eine vegetarische Ernährung?

Es gibt keine allgemeingültige Definition für eine vegetarische Lebensweise. Manche essen Milchprodukte und Eier (ovo-lacto-vegetarische Kost), während andere zwar keine Milchprodukte verwenden, dafür aber Eier und umgekehrt. In diesem Buch gehen wir von einem vegetarischen Ansatz aus, der Milchprodukte und Eier erlaubt. Wo wir Produkte wie Käse und Wein verwenden, gibt es auch vegetarischen Ersatz. Eier und Milchprodukte sind oft nur Teil des Serviervorschlags.

Eine vegane Ernährung enthält überhaupt keine Lebensmittel tierischen Ursprungs, wie z. B. Milch, Gelatine oder Honig. In diesem Buch finden Sie auch eine Reihe von veganen Rezepten. Viele der restlichen Rezepte können außerdem an eine vegane Ernährung angepasst werden, indem man entweder Zutaten weglässt oder sie durch vegane Alternativen wie Soja-Produkte ersetzt. Diese Rezepte sind mit ⓥ gekennzeichnet. Auch bei Essig und Wein gibt es mittlerweile vegan hergestellte Produkte.

Glutenfreie Produkte haben eigentlich nichts mit der vegetarischen Küche zu tun, aber sie sind zunehmend verbreitet und mittlerweile leicht zu bekommen. Die meisten wissen, dass Gluten in Weizenprodukten enthalten ist, aber es kann auch ganz unerwartet in Lebensmitteln zu finden sein, wie z. B. in Eiscreme, Tomatenketchup und Backpulver. Wir haben in dieses Buch eine Reihe von glutenfreien Rezepten aufgenommen, die wir mit ⓧ gekennzeichnet haben. Glutenfreie Alternativen für alltägliche Lebensmittel und Zutaten sind inzwischen weit verbreitet. Weizenmehl kann man z. B. durch Kichererbsenmehl ersetzen.

Wie es enorme Unterschiede in der Definition von vegetarischer Ernährung gibt, so variiert auch der jeweilige Bedarf an Nährstoffen. Eine ausgewogene vegetarische Ernährung kann eine sehr gesunde Entscheidung sein (sie enthält häufig wenig gesättigte Fettsäuren und Cholesterin, dafür viele Ballaststoffe und Antioxidantien). Ist sie jedoch zu einseitig, dann fehlen möglicherweise wichtige Nährstoffe wie Eiweiß, Eisen, Omega-3-Fettsäuren, Kalzium und bestimmte Vitamine (vor allem Vitamin D und B12). Das gilt v. a. für gewisse vegane Ernährungsweisen. Daher muss man besonders darauf achten, dass die eigene Ernährung ausgewogen und nährstoffreich ist, oder sollte eventuell Nahrungsergänzungsmittel zusetzen. Dabei muss die Ernährung von Kindern, Schwangeren und älteren Menschen besonders ausgewogen sein.

Die wichtigsten Nährstoffe

KOHLENHYDRATE UND BALLASTSTOFFE bietet eine gute vegetarische oder vegane Ernährung normalerweise reichlich. Man isst eine Vielfalt an Obst und Gemüse, wenn möglich mit Schale, außerdem Kleie, Kartoffeln und Vollkornprodukte. Damit sollte man alles bekommen, was man braucht.

EIWEISS ist ein wesentlicher Bestandteil jeder Ernährung. Es ist nicht nur wichtig für Wachstum, Regeneration des Körpers und Produktion von Enzymen und Hormonen, sondern es macht außerdem auch satt. Eine Person sollte täglich im Durchschnitt 45–55 g Eiweiß essen. Ernährt man sich fleischlos, kann es schwieriger sein, genügend Eiweiß zu sich zu nehmen. Daher sollte man im Lauf des Tages eine Vielfalt an unterschiedlichen Lebensmitteln zu sich nehmen und dabei verschiedene eiweißhaltige Nahrungsmittel in einer Mahlzeit mischen, wie etwa Getreide mit Hülsenfrüchten, Nüssen oder Samen. Ausgezeichnete Eiweißlieferanten wie Soja, Eier, Milch und Käse sollten nicht über die Maßen genossen werden. Bereichern Sie Ihren Speiseplan daher auch mit Linsen, Bohnen, Kichererbsen und Vollkornprodukten. Auch Quinoa ist in Salaten oder als Reisersatz ein guter Eiweißlieferant. Mit einer kleinen Portion gehackter Nüsse oder Samen kann man jedem Gericht noch Eiweiß zusetzen.

VITAMINE UND MINERALIEN können unter Umständen in einer vegetarischen Ernährung fehlen. Dabei ist nicht nur die Auswahl an Nahrungsmitteln, sondern auch ihre Zubereitung entscheidend. Versuchen Sie, Gemüse in größeren Mengen roh zu essen, mit Dampf zu garen oder zu blanchieren, um möglichst viele Vitamine zu erhalten. Nicht nur in Obst und Gemüse, sondern auch in Milch und Eiern sind viele wichtige Vitamine enthalten (A, B2, B12 und D). Wer auf Milch und Eier verzichtet, kann auf Lebensmittel wie etwa Müsli und Sojamilch ausweichen, die mit Vitaminen angereichert wurden, oder auf grünes Gemüse. Vitamin C, das in Zitrusfrüchten vorkommt, ist in einer vegetarischen oder veganen Ernährung normalerweise reichlich vorhanden. Es ist nicht nur für den Körper wichtig, sondern hilft dabei, Mineralien aus Hülsenfrüchten und Gemüse freizusetzen, und unterstützt die Aufnahme von Eisen.

KALZIUM findet sich in Milchprodukten. Wird auf diese jedoch verzichtet, sollten möglichst viel grünes Gemüse (wie Grünkohl und Brokkoli), Sesam, Bohnen und Nüsse in die Ernährung integriert werden. Außerdem findet sich Kalzium in Sojamilch und Obstsäften.

EISEN kann durch eine Kombination aus grünem Blattgemüse, getrockneten Früchten, Bohnen, Nüssen, Samen und Tofu in der benötigten Menge aufgenommen werden.

FETTSÄUREN sind wichtig, v. a. ungesättigte Fette. Gesättigte Fette werden bei einer vegetarischen Ernährung eher selten aufgenommen. Milchprodukte sind eine gute Quelle für Fettsäuren, ebenso Samen, Walnüsse und Soja. Verwenden Sie zum Kochen und Abschmecken einfach verschiedene Öle aus Nüssen, Raps oder Leinsamen.

GLÜCK sollte in Ihrer Ernährung nicht zu kurz kommen, daher planen Sie auch genügend Wohlfühlessen ein. Kuchen zum Beispiel hat zwar nur einen geringen Nährwert, aber er zaubert mit Sicherheit ein Lächeln auf Ihr Gesicht!

Die gut gefüllte vegetarische Speisekammer

Eine gut gefüllte Speisekammer ist ein wunderbarer Ausgangspunkt, um täglich spannende vegetarische Gerichte zu zaubern – egal ob Sie etwas Neues ausprobieren wollen oder eine schnelle Lösung brauchen. Diese Lebensmittel sollten Sie immer zu Hause haben:

Im Vorratsschrank

ZUTATEN ZUM BACKEN
Mehl: Weizenmehl Type 405 und Type 550, Vollkornmehl, Kichererbsenmehl
Triebmittel: Trockenhefe, Backpulver und Natron

SÜSSES
Zucker: Feinzucker und brauner Rohrzucker
Schokolade: Zartbitterschokolade (70 % Kakaoanteil)
Honig und Sirup: Honig, Agavendicksaft, Maissirup/heller Zuckerrübensirup und Ahornsirup
Vanille: Vanilleextrakt und Vanilleschoten

GETREIDE UND HÜLSENFRÜCHTE
Getreide: Reis, Wildreis, Gerste, Bulgur, Quinoa, Couscous und Haferflocken
Hülsenfrüchte: getrocknete grüne, rote und Puy-Linsen, Kidneybohnen (in der Dose), Limabohnen und Kichererbsen

GETROCKNETE FRÜCHTE, NÜSSE UND SAMEN
Getrocknete Früchte: Rosinen und Aprikosen
Nüsse: gemahlene Mandeln, Mandelblätter, Walnuss- und Pinienkerne
Samen: Sesam und Mohn

GEMÜSEKONSERVEN
Tomaten: gehackte und passierte Tomaten, Tomatenmark

Getrocknetes Gemüse: getrocknete Tomaten und Steinpilze
Gemüse im Glas: Artischocken, Oliven und Kapern

ÖL UND ESSIG
Öl zum Erhitzen: Olivenöl und Rapsöl
Öl zum Beträufeln: Olivenöl extra vergine, Sesam-, Walnuss-, Haselnuss- und Trüffelöl
Essig: Weißweinessig, Rotweinessig und Balsamico-Essig

KRÄUTER UND GEWÜRZE
Frisch: Basilikum, Minze, Koriander, Rosmarin, Thymian, Salbei, glatte Petersilie
Getrocknet: Oregano, Rosmarin und Thymian
Gewürze: Chiliflocken, Paprika (Pimentón), Zimt, Kurkuma, Kreuzkümmel und Muskat

ANDERE WÜRZMITTEL
Brühwürfel oder Gemüsebrühe in Pulverform
Senf: Dijonsenf und Senf mit Senfkörnern
Salz und schwarzer Pfeffer: grobes Meersalz und Tafelsalz zum frisch Mahlen
Gewürzpasten: frischer Ingwer, Knoblauch, Chili (gehackt oder püriert), fertige Currypasten, Harissa und anderes

In Kühl- und Gefrierschrank

MILCHPRODUKTE
Eier: wenn möglich Bio oder aus Freilandhaltung
Butter: ungesalzen und gesalzen
Käse: Parmesan (mit mikrobiellem Lab) oder Gran Moravia, Gouda oder Cheddar, Feta und Halloumi
Tofu: natur, mariniert und geräuchert

TIEFKÜHLOBST UND -GEMÜSE

Gemüse: Spinat, Erbsen, Riesenbohnen und frische Sojabohnen
Obst: Waldbeeren-Mischung

ANDERE TIEFKÜHLPRODUKTE

Teig: Blätterteig, Filo-Teig, Wan-Tan-Teigtaschen
oder Gyoza-Teigplatten

Sichere Lagerung

Wenn Sie Ihren Vorratsschrank planen, denken Sie
daran, was Lebensmittel verderben lässt – Bakterien,
Hitze, Luftzug, Licht und Feuchtigkeit. Im Folgenden
geben wir Ihnen daher einige Tipps, wie man Vorräte sicher lagert. Außerdem räumen Sie Ihren Vorratsschrank am besten regelmäßig aus, um zu vermeiden, dass teure Zutaten in einer dunklen Ecke
vergessen werden.

BEHÄLTER

Gefäße aus Glas, Blech und Keramik sowie Kunst-
stoffbehälter mit Deckel eignen sich gut für die
Lagerung von trockenen Lebensmitteln wie Reis,
Bohnen, Linsen, Nüssen, Mehl und Haferflocken.
Sorgen Sie dafür, dass die Behälter sauber und tro-
cken, luftdicht verschlossen und mit Inhalt und
Ablaufdatum deutlich beschriftet sind. Wenn möglich
sollten Sie Ihre Vorräte an einem kühlen, dunklen
Ort mit konstanter Temperatur aufbewahren.

EINMACHEN

Nutzen Sie saisonale Produkte so gut wie möglich
aus, indem Sie daraus Marmeladen,
Chutneys und sauer Eingelegtes
machen. Aus sommerlichem
Obst und Beeren lassen sich
Sirupe oder Liköre zubereiten, die
auch in den Wintermonaten schmecken.
Achten Sie dabei darauf, dass Sie Ihre Gläser gründlich sterilisieren und dass Sie Ihre Produkte an
einem kühlen, dunklen Ort mit gleich bleibender
Temperatur lagern. Probieren Sie unsere Rezepte für
Süße Chili-Marmelade (Seite 66) und selbst gemachtes Gewürzketchup (Seite 64).

EINFRIEREN

Viele Lebensmittel lassen sich gut einfrieren, bei-
spielsweise Nüsse, Samen, frische Kräuter
und gemahlene Gewürze. Wenn Sie auch
seltenere Zutaten wie Curryblätter
und Wan-Tan-Teigtaschen einfrieren, haben Sie sie damit jederzeit zur Hand. Wenn Sie Teig
zubereiten oder Brot backen,
machen Sie etwas mehr und
frieren den Rest für später
ein. Auch fertige Gerichte wie
das Gemüse-Linsen-Mous-
saka (Seite 99) oder die
Tajine mit Gemüse (Seite 104)
lassen sich in der Gefriertruhe
bestens lagern. Außerdem lässt
sich auch Gemüse gut einfrieren –
warum machen Sie nicht aus überzäh-
ligen Tomaten eine schnelle Sauce und
frieren diese ein? Oder Sie hacken übrig
gebliebene Kräuter und frieren sie mit Wasser in
Eiswürfelbehältern ein.

Frühstück und Brunch

Das Frühstück ist die wichtigste Mahlzeit des Tages, also starten Sie mit unseren leckeren Rezepten gestärkt in den Tag. Das kann ein Muffin sein, den man auf dem Weg zur Arbeit aus der Hand isst, ein entspannter Brunch mit Freunden oder ein Frühstück mit Kaffee und Zeitung. Hier finden Sie Vorschläge, die für jeden Morgen passen.

Schnelles Maisbrot

Es gibt viele verschiedene Möglichkeiten, Maisbrot zuzubereiten, und diverse Zutaten, mit denen man es verfeinern kann. Dies ist unser Basisrezept mit den Varianten, die wir besonders lecker finden. Experimentieren Sie einfach, denn dieses Rezept funktioniert pur, aber auch mit verschiedenen Kräutern und Käsesorten.

260 g Polenta/Maismehl
75 g Mehl
1½ TL Backpulver
1 TL Salz
1 TL Zucker
100 g Demerara-Zucker
1 Ei
360 ml Milch
5 EL pflanzliches Öl
1 geröstete rote Paprika, gewürfelt
Körner von 1 gekochten Maiskolben
    oder 180 g Maiskörner aus der
    Dose oder tiefgefroren
1 frische rote Chilischote,
    fein gewürfelt
2 TL Chiliflocken
1½ EL frische Petersilie,
    grob gehackt
30 g Feta oder Ziegenkäse,
    zerkleinert
Butter oder Frischkäse zum
    Servieren (nach Belieben)

1 mittelgroße Kastenform,
    mit Backpapier ausgelegt

4–6 Portionen

Den Backofen auf 200 °C vorheizen.

Polenta, Mehl, Backpulver, Salz und beide Zuckersorten in einer Rührschüssel vermischen. In einer anderen Schüssel Ei, Milch und Öl verrühren. In die Mitte der trockenen Zutaten eine Mulde drücken. Eiermischung dazugießen und alles verrühren.

Paprika, Mais, frische und getrocknete Chili, Petersilie und Käse dazugeben und alles gründlich verrühren.

Die Mischung in die vorbereitete Kastenform gießen und im vorgeheizten Backofen auf mittlerer Schiene 25–30 Minuten backen. Das Maisbrot ist fertig, wenn an einem in die Mitte gestochenen Holzspieß kein Teig mehr haften bleibt.

Das Brot in Scheiben schneiden und pur oder nach Wunsch mit Butter oder Frischkäse servieren. Das Maisbrot passt auch ausgezeichnet zu Rührei.

Kartoffel-Sellerie-Rösti
mit Spinat, Pilzen und pochiertem Ei

Rösti sind ähnlich wie Kartoffelpuffer ein fantastisches Gericht zum Brunch. Dazu passt ein pochiertes Ei, das Veganer aber auch jederzeit weglassen können. Wir mögen die Rösti besonders mit Sellerie, aber mit Pastinaken, Zwiebeln, Karotten oder Roten Beten sind sie genauso gut.

200 g Kartoffeln, gewaschen und halbiert
200 g Sellerie, geschält, in große Stücke geschnitten
5 EL Olivenöl
Salz und frisch gemahlener schwarzer Pfeffer
320 g Champignons
1 Knoblauchzehe, zerdrückt
100 g Babyspinat, gewaschen, getrocknet und fein gehackt
2 kalte Eier (nach Belieben)
Trüffelöl zum Beträufeln (nach Belieben)

2–4 Portionen

Den Backofen auf 180 °C vorheizen.

In einem großen Topf Wasser die Kartoffeln 6 Minuten lang kochen, bis sie anfangen, weich zu werden. Abgießen und abkühlen lassen. Den Sellerie in einem weiteren großen Topf 5 Minuten kochen, bis er ebenfalls anfängt, weich zu werden. Abgießen und abkühlen lassen.

Die Kartoffeln und den Sellerie mit einer groben Reibe raspeln, 2 EL Öl unterrühren und mit Salz und Pfeffer würzen.

Weitere 2 EL Öl bei mittlerer Hitze in einer großen Bratpfanne erhitzen. Einen großen Löffel voll Röstiteig in die Pfanne geben und flach drücken, bis er etwa 1 cm dick ist. Die Rösti von jeder Seite 2–3 Minuten knusprig und goldgelb braten. Den Vorgang wiederholen, bis der gesamte Rösititeig aufgebraucht ist. Die gebratenen Rösti auf einem Backblech im vorgeheizten Backofen 5 Minuten backen.

Währenddessen 1 EL Öl in einer Pfanne erhitzen. Pilze und Knoblauch bei mittlerer Hitze darin goldbraun braten. Mit Salz und Pfeffer abschmecken und den Spinat unterrühren, bis er zusammenfällt.

Wenn die Rösti fertig sind, nach Wunsch die Eier pochieren. Dazu Wasser in einem Topf aufkochen, dann bei geringerer Temperatur köcheln lassen und mit einem Löffel das Wasser rühren, dass ein Strudel entsteht. Sobald sich der Strudel leicht beruhigt, ein Ei hineinschlagen. Das Ei etwa 3 Minuten kochen, bis das Eiweiß fest, das Eigelb aber noch flüssig ist. Das Ei mit einer Schaumkelle herausheben und gut abtropfen lassen.

Die Rösti auf Teller verteilen und etwas von der Pilz-Spinat-Mischung daraufgeben. Darauf das pochierte Ei mit etwas Trüffelöl und reichlich frisch gemahlenem Pfeffer anrichten.

Frittata mit Safran, Paprika und Aioli

Diese Frittata ist voller mediterraner Aromen. Wenn Sie nicht die Zeit haben, das Aioli selbst zu machen, dann vermischen Sie einfach den geschmorten Knoblauch mit einem Glas hochwertiger gekaufter Mayonnaise und es wird fast genauso köstlich schmecken.

200 g rotschalige Kartoffeln
  (z. B. Désirée), geschält
2 EL Olivenöl
½ weiße Zwiebel, fein gewürfelt
1 Knoblauchzehe, zerdrückt
1 Pr Paprikapulver (Pimentón)
1 Handvoll Tiefkühl-Erbsen,
  aufgetaut
100 g geröstete rote Paprika
  (selbstgemacht oder aus dem
  Glas)
4 Eier
1 Pr Safranfäden, in 1 EL heißem
  Wasser eingeweicht

Für das Aioli
1 Knoblauchknolle, ungeschält
50 ml Olivenöl
1 Eigelb
Salz und frisch gemahlener
  schwarzer Pfeffer
100 ml pflanzliches Öl
1 Spritzer frisch gepresster
  Zitronensaft

4 Portionen

Den Backofen auf 200 °C vorheizen.

Für das Aioli die äußere Haut der Knoblauchknolle entfernen, die Haut der einzelnen Zehen ganz lassen. Etwa 1 cm vom oberen Ende der Knolle abschneiden, so dass die Spitzen der einzelnen Knoblauchzehen zu sehen sind. Den Knoblauch mit den Spitzen nach oben auf Alufolie legen, mit 2 EL Olivenöl beträufeln und anschließend die Folie herumwickeln. Den Knoblauch 30–40 Minuten im Backofen schmoren, bis er weich ist. Etwas abkühlen lassen, dann die einzelnen Zehen aus der Haut in eine Schüssel drücken. Alles mit einer Gabel zerdrücken.

Das Eigelb mit etwas Salz in eine kleine Schüssel geben. Vorsichtig das pflanzliche Öl Tropfen um Tropfen unter ständigem Rühren hinzufügen, bis alles aufgebraucht ist. Diesen Vorgang mit dem restlichen Olivenöl wiederholen. Wenn das Aioli zu dick wird, etwas Zitronensaft zugießen. Zugedeckt in den Kühlschrank stellen.

Für die Frittata die Kartoffeln in Salzwasser knapp gar kochen. Abtropfen und auskühlen lassen, dann in dünne Scheiben schneiden.

Den Grill auf mittlerer Stufe vorheizen. 1 EL Olivenöl in einer Pfanne mit hitzebeständigem Griff erhitzen. Die Zwiebeln darin bei niedriger Hitze weich dünsten. Knoblauch und Pimentón hinzufügen und 2 Minuten mitdünsten. Dann Erbsen, Kartoffeln und Paprika mit dem restlichen Öl in die Pfanne geben. Bei hoher Temperatur alles anbraten und gut durchmischen.

Die Eier mit dem Safran verrühren und mit Salz und Pfeffer würzen. Die Eiermischung zu dem Gemüse gießen und gleichmäßig mit einer Gabel in der Pfanne verteilen. 1 Minute lang scharf anbraten, dann die Temperatur reduzieren und die Frittata am Rand fest werden lassen. Dann unter dem Grill garen, bis auch die Oberfläche fest und golden ist.

Kichererbsen-Pfannkuchen mit Kräutern, Halloumi und Mais-Paprika-Sauce

Diese leckeren, glutenfreien Pfannkuchen sind genau das Richtige für einen reichhaltigen Brunch am Wochenende oder für ein leichtes Mittagessen. Die leckere Sauce können Sie im Voraus zubereiten, sie passt außerdem wunderbar zu Salaten.

130 g Kichererbsenmehl
1 TL Salz
½ TL gemahlener Kreuzkümmel
¼ TL Kurkuma
½ Dose Kichererbsen, abgetropft,
 abgespült und mit einer Gabel
 zerdrückt
240 ml Milch
1 Ei
1 Knoblauchzehe, zerdrückt
Geriebene Schale und Saft von
 1 Zitrone
1 Handvoll frischer Kräuter, gehackt
 (Koriander, Petersilie oder
 Schnittlauch)
1 TL Natron
250 g Halloumi, in Scheiben
1 EL Olivenöl

Für die Sauce
2 rote Paprika, halbiert
2 Maiskolben
1 Handvoll Kirschtomaten
Salz und frisch gemahlener
 schwarzer Pfeffer
3 EL Olivenöl
½ rote Zwiebel, fein gewürfelt
½–1 Chilischote, fein gewürfelt
1 Handvoll frischer Koriander,
 fein gehackt
Saft von ½ Limette
1 TL Essig
1 TL Feinzucker

6–8 Portionen

Den Backofen auf 200 °C vorheizen.

Für die Sauce die Paprikahälften mit der Hautseite nach oben zusammen mit den Maiskolben und Tomaten in eine Auflaufform geben. Großzügig mit Salz und Pfeffer würzen und mit 2 EL Olivenöl beträufeln. Auf der oberen Schiene des vorgeheizten Backofens etwa 20–25 Minuten backen, bis die Haut der Paprika schrumpelt und der Mais goldbraun ist. Die Paprika häuten und die Maiskörner aus dem Kolben lösen. Dann die Paprika hacken, die Tomaten mit einer Gabel zerdrücken und alles zusammen mit Zwiebel, Chili und Koriander in einer Schüssel mischen.

Limettensaft, Essig, Zucker und das restliche Olivenöl vermischen. Mit Salz und Pfeffer abschmecken. Die Mischung über das Gemüse gießen und alles vermischen.

Für die Kichererbsen-Pfannkuchen das Kichererbsenmehl mit Salz, Kreuzkümmel und Kurkuma in einer Schüssel mit den zerdrückten Kichererbsen vermischen.

In einer anderen Schüssel Milch, Ei, Knoblauch, Zitronensaft und -schale vermischen und mit einer Gabel gut verrühren.

Eine Mulde in die Mitte der trockenen Zutaten drücken, die Milchmischung hineingießen und von der Mitte nach außen rühren, bis alles gut vermischt ist. Die gehackten Kräuter dazugeben und die Schüssel 20 Minuten zugedeckt im Kühlschrank ruhen lassen. Direkt vor dem Ausbacken das Natron unterrühren.

Eine Pfanne leicht einfetten und bei mittlerer Hitze erwärmen. Einen Schöpflöffel Teig hineingießen und backen, bis er Blasen wirft und am Rand fest wird. Den Pfannkuchen wenden und fertig backen. Die Pfannkuchen bis zum Servieren im Backofen warmhalten.

Den Halloumi leicht ölen und in einer Grillpfanne bei hoher Hitze von jeder Seite 1 Minute goldbraun braten. Die Pfannkuchen mit je 1 Scheibe Halloumi auf Teller verteilen und etwas Sauce daraufgeben.

Müsli mit Beerenkompott

Wenn Sie Ihr Müsli selbst mischen, wissen Sie genau, was wirklich drin ist. Die Zubereitung ist einfach und Sie können die Mischung in einem luftdichten Behälter gut aufbewahren, so dass Sie jeden Tag ein selbst gemachtes Frühstück genießen können. Verfeinern Sie das Müsli mit getrockneten Früchten und Nüssen nach Belieben.

500 g Haferflocken
150 g Nussmischung, gehackt
150 g gemischte Samen
50 g Kokosraspel (nach Belieben)
½ TL Salz (nach Belieben)
2 TL Zimt (nach Belieben mit
    Muskat, Ingwer oder Nelke
    vermischt)
2 Äpfel, mit Schale gerieben
2 EL Muskovado-Zucker
4 EL Sonnenblumen-, Raps- oder
    Haselnussöl
8 EL flüssiger Honig, Ahorn- oder
    Zuckerrübensirup
150 g getrocknete Obstmischung,
    gehackt
Naturjoghurt zum Servieren

Für das Beerenkompott
300 g Brombeeren, Heidelbeeren
    und Himbeeren (frisch oder
    gefroren)
6 EL Honig oder Mais- bzw.
    Zuckerrübensirup
1–2 EL Demerara-Zucker
Geriebene Schale von 1 Zitrone
Saft von ½ Zitrone
1 Zimtstange oder
    ½ TL gemahlener Zimt
    (nach Belieben)
1 TL Vanilleextrakt

8 Portionen

Den Backofen auf 150 °C vorheizen.

Haferflocken, Nüsse, Samen, Kokosraspel, Salz und Zimt in einer großen Rührschüssel mit dem Apfel vermischen.

Zucker, Öl und Honig bzw. Sirup bei niedriger Hitze in einer Pfanne rühren, bis der Zucker gelöst ist. Die flüssige Mischung über die trockenen Zutaten gießen und alles gründlich vermischen.

Die Mischung sorgfältig auf einem gefetteten Backblech verteilen und darauf achten, dass sich keine Häufchen bilden. Im vorgeheizten Backofen 40–45 Minuten backen und alle 10 Minuten durchmischen, bis das Müsli goldgelb ist. Dann die getrockneten Früchte hinzufügen und weitere 5 Minuten backen. Aufpassen, dass nichts anbrennt.

Für das Beerenkompott alle Zutaten in einem Topf bei mittlerer Hitze köcheln lassen, bis die Beeren weich sind, aber noch ihre Form haben, und der Saft reduziert ist. Das Kompott abkühlen lassen.

Das abgekühlte Müsli in einem luftdichten Behälter aufbewahren. Mit je einem großen Löffel Joghurt und Beerenkompott servieren.

French Toast mit Bananen

French Toast ist der perfekte Genuss für einen faulen Sonntagmorgen, und mit der köstlichen Bananen-Nuss-Füllung ist er besonders lecker. Das Beerenkompott gibt dem Ganzen eine erfrischend fruchtige Note, aber mit Ahornsirup schmeckt es genauso gut.

4 Eier
100 ml Milch
Salz und frisch gemahlener Pfeffer
1 Banane
Schale und Saft von 1 Orange
30 g Mandeln, Pekan- oder
    Walnüsse, grob gehackt
    (nach Belieben)
½ TL Piment
4 Scheiben Toastbrot (angetrocknet
    oder im Backofen ganz leicht
    geröstet)
15 g Butter

Zum Servieren
Puderzucker (nach Belieben)
Beerenkompott (siehe Seite 22)
    oder Ahornsirup, je nach
    Geschmack

2 Portionen

Den Backofen auf 200 °C vorheizen.

Eier, Milch und etwas Salz und Pfeffer in einer kleinen Schüssel verrühren. In einer anderen Schüssel die Banane zerdrücken, dann Orangensaft und -schale, die gehackten Nüsse und das Piment unterrühren.

Die Bananencreme auf 2 der Brotscheiben streichen und die übrigen Brotscheiben als Deckel darauflegen. Diese Sandwiches 5–10 Minuten lang in der Eiermischung einweichen. Zwischendrin wenden.

Die Butter in einer Pfanne bei mittlerer Hitze zerlassen und die Sandwiches darin von beiden Seiten braun braten. Im vorgeheizten Backofen weitere 5–10 Minuten fertig backen. Die Sandwiches aus dem Backofen nehmen und diagonal durchschneiden. Mit reichlich Puderzucker bestäuben und je nach Geschmack mit einem Löffel Beerenkompott oder Ahornsirup servieren.

Honig- und Aprikosenmuffins

Diese Muffins sind ideal für ein schnelles Frühstück unter der Woche. Sie enthalten eine Menge Obst, Nüsse und Ballaststoffe und schenken Ihnen Energie für den ganzen Vormittag. Außerdem riecht die Küche beim Backen ganz wundervoll!

200 g Mehl
½ TL Natron
2 ½ TL Backpulver
2 TL Zimt (nach Belieben mit Muskat, Ingwer oder Nelke vermischt)
50 g getrocknete Aprikosen, gehackt
50 g Pekannüsse, gehackt
100 g Haferflocken
50 g Rosinen
2 weiche Bananen
2 Äpfel, mit Schale gerieben
2 Eier
5 EL pflanzliches Öl
1 TL Vanilleextrakt
4 EL Honig
6 EL Milch
100 g Demerara-Zucker

1 Muffinform mit 12 Mulden, mit Papierförmchen ausgekleidet

12 Stück

Den Backofen auf 180 °C vorheizen.

Das Mehl in eine Rührschüssel sieben. Natron, Backpulver und Zimt dazugeben und alles gut durchmischen. Die getrockneten Aprikosen, Pekannüsse und Haferflocken zusammen mit den Rosinen zu der Mehlmischung geben und beiseitestellen.

In einer weiteren Schüssel die Bananen mit einer Gabel zerdrücken. Äpfel, Eier, Öl, Vanilleextrakt, Honig und Milch dazugeben und alles gründlich durchrühren. Den Zucker unterrühren.

In die Mitte der trockenen Zutaten eine Mulde drücken. Die flüssige Mischung hineingießen, vorsichtig von der Mitte nach außen rühren, bis ein geschmeidiger Teig entsteht.

Die Muffinförmchen zu zwei Dritteln mit dem Teig füllen und oben noch etwas gehackte Pekannüsse darüberstreuen. Auf der oberen Schiene des vorgeheizten Backofens etwa 30–40 Minuten goldbraun backen. Aus dem Backofen nehmen und auf einem Kuchengitter abkühlen lassen. Mit eine Tasse Kaffee servieren.

Diese Muffins schmecken frisch am besten, aber sie halten sich in einem luftdichten Behälter auch 3–4 Tage.

Kleine Häppchen

Diese unkomplizierten Rezepte eignen sich für ein Essen mit Freunden. Man kann sie als einfachen Snack oder Vorspeise anbieten. Oder man kombiniert eine ganze Auswahl davon, die wie Tapas oder Mezze gemeinsam probiert werden. Unsere Rezepte reichen von einfachen gebackenen Feigen und belegten Bruschettas bis hin zu knusprigen Tempura- und würzigen Samosa-Teigtaschen. Kombinieren Sie diese Gerichte nach Lust und Laune und begeben Sie sich auf Ihre eigene kulinarische Reise.

Maisküchlein mit pikanter Avocadocreme

Diese leichten, frischen Maisküchlein passen ideal als Häppchen zu Drinks. Außerdem sind sie ein wunderbarer Bestandteil eines Brunches – dazu können Sie die Küchlein etwas größer machen (1 EL Teig ergibt einen Pfannkuchen von etwa 6 cm Durchmesser), mit der Creme bestreichen und mit etwas süßer Chilimarmelade servieren (siehe Seite 66).

225 g Mehl
1½ TL Backpulver
½ TL Salz
30 g Butter
225 ml Milch
1 Ei, leicht verquirlt
160 g Mais (aus der Dose oder
    gefroren)
½–1 Chili, fein gehackt oder
    1 TL Chiliflocken
1 kleine Handvoll frischer
    Koriander, fein gehackt
1 EL Olivenöl
Crème fraîche oder Sauerrahm
    zum Servieren

Für die Avocadocreme
2 reife Avocados, entkernt
2 EL frischer Koriander, gehackt
    (einige Blätter zum Garnieren
    aufbewahren)
2 kleine Schalotten, fein gehackt
1–2 rote Chili, fein gehackt
Geriebene Schale von 2 Limetten
2 EL frisch gepresster Limettensaft
1 Pr Zucker
Salz und frisch gemahlener
    schwarzer Pfeffer

24 Stück

Für die Avocadocreme die Avocados teilsweise klein schneiden, teilweise zerdrücken und in einer Schüssel mit den übrigen Zutaten für die Creme verrühren. Abschmecken und ggf. nachwürzen.

Für die Maisküchlein das Mehl in eine Rührschüssel sieben, Backpulver und Salz zufügen. Beiseitestellen.

Die Butter bei niedriger Hitze in einer kleinen Pfanne zerlassen. In einer Schüssel Milch, Ei, Mais, Chili und Koriander vermischen. Die geschmolzene Butter untermischen.

In die Mitte der trockenen Zutaten eine Mulde drücken. Die flüssige Mischung hineingießen und vorsichtig von der Mitte aus unterrühren, damit keine Klümpchen entstehen. 10 Minuten ruhen lassen.

Das Öl in einer Pfanne erhitzen, 1 TL Teig hineingeben und auf beiden Seiten goldbraun ausbacken.

Zum Servieren die Küchlein mit einem Löffel Avocadocreme, etwas Crème fraîche und einem Korianderblatt garnieren.

Risottobällchen mit Zitrone und Pilzen

Arancini (sizilianische gefüllte Reisbällchen) sind sehr lecker. Sie ergeben einen köstlichen Happen. Zwei größere können als Vorspeise serviert werden.

30 g Butter oder 2 EL Olivenöl
1 Zwiebel, fein gehackt
150 g Wiesenchampignons,
    fein gehackt
15 g getrocknete Steinpilze,
    in heißem Wasser eingeweicht
    und anschließend fein gehackt
    (Einweichflüssigkeit aufheben)
1 Knoblauchzehe, zerdrückt
Geriebene Schale von 1 Zitrone
Saft von ½ Zitrone
100 g Risottoreis
150 ml trockener Weißwein (nach
    Belieben)
300 ml Gemüsebrühe
50 g Parmesan (mit mikrobiellem
    Lab), gerieben
1 kleines Bund frische Petersilie
Salz und frisch gemahlener
    schwarzer Pfeffer
1 rote Paprika, fein gewürfelt
    (alternativ Erbsen oder
    gewürfelte Zucchini)
500 ml pflanzliches Öl zum
    Frittieren
Frische Mayonnaise zum Servieren
    (nach Belieben)

Für die Panade
50 g Mehl, gesalzen und gepfeffert
1 Ei, leicht verquirlt
100 g Semmelbrösel

16 kleine oder 8 große
Bällchen

Für das Risotto die Butter bei schwacher Hitze in einem großen Kochtopf zerlassen. Die Zwiebel darin etwa 10 Minuten dünsten, dann die Pilze hinzufügen und weich dünsten. Knoblauch zufügen und kurz mitdünsten.

Die Hitze auf mittlere Temperatur erhöhen, Zitronenschale, -saft und Reis zufügen. Kräftig umrühren, bis der Reis glasig ist. Falls gewünscht, den Wein dazugießen und rühren, bis die Flüssigkeit aufgenommen ist. Danach etwa 200 ml Gemüsebrühe hinzugießen und rühren, bis die Flüssigkeit ebenfalls aufgenommen ist. Jetzt die Flüssigkeit von den Pilzen (ohne den Bodensatz) hinzufügen. Kräftig rühren, bis die Flüssigkeit aufgenommen ist, anschließend nach und nach die restliche Gemüsebrühe zugießen und den Reis in etwa 20 Minuten bissfest garen. Die Konsistenz sollte etwas dicker als üblich sein, damit die Reisbällchen ihre Form behalten. Parmesan und Petersilie unterrühren, salzen und pfeffern. Beim Abkühlen dickt das Risotto noch etwas ein.

Den Reis zum Abkühlen auf einem großen Teller verteilen, dann daraus mundgerechte Bällchen formen (je etwa 40 g). Jeweils in die Mitte mit dem Daumen ein Loch hineindrücken. Mit den Paprikawürfeln füllen und das Loch mit Reis verschließen.

Für die Panade Mehl, Ei und Semmelbrösel in drei verschiedene Schüsseln geben. Jedes Bällchen in Mehl wälzen, leicht abklopfen. Dann in Ei wälzen und schließlich in den Semmelbröseln. Die Reisbällchen bis zum Frittieren in den Kühlschrank stellen.

Das Öl halbhoch in eine tiefe Edelstahlpfanne gießen und auf 160 °C erhitzen (Falls Sie kein Thermometer haben: Das Öl hat dann die richtige Temperatur, wenn ein Brotstückchen darin in 60 Sekunden goldbraun frittiert ist). Maximal 4 Bällchen gleichzeitig in 1–2 Minuten goldbraun frittieren. Auf Küchenpapier abtropfen lassen und die Bällchen warm nach Geschmack mit Mayonnaise servieren.

Zucchini im Backteig mit Minzjoghurt

Gemüse im Backteig passt perfekt zu Drinks. Wir verwenden hier Zucchini, aber man kann je nach Geschmack auch Karotten, Rote Beten oder Zwiebeln nehmen. Außerdem können Sie mit Feta, Kräutern, Gewürzen und Chili einen besonders leckeren Geschmack zaubern. Für eine vegane Variante nehmen Sie Soja- statt Naturjoghurt.

250 g Zucchini, geraspelt
Meersalz
4 Frühlingszwiebeln,
   fein geschnitten
Geriebene Schale und Saft von
   1 Zitrone
1 TL pflanzliches Öl sowie
   zusätzlich zum Frittieren
3 EL Kichererbsenmehl
1 TL Backpulver

Für den Minzjoghurt
½ Salatgurke, ohne Kerne,
   geraspelt
200 g Naturjoghurt
½ Knoblauchzehe, zerdrückt
1 Handvoll frische Minze, gehackt
1 Spritzer frischer Zitronensaft
½ TL Zucker
Salz und frisch gemahlener
   schwarzer Pfeffer

4 Portionen

Für den Minzjoghurt die geraspelte Gurke in einem Sieb 10 Minuten abtropfen lassen oder in einem frischen Geschirrtuch ausdrücken. Die abgetropfte Gurke, Joghurt, Knoblauch und Minze in einer Schüssel verrühren. Zitronensaft und Zucker zugeben und mit reichlich Salz und Pfeffer würzen. Abschmecken und eventuell nachwürzen.

Für das Gemüse im Backteig die Zucchini salzen und in einem Sieb 10 Minuten abtropfen lassen. Anschließend die Zucchini gründlich abspülen, um das Salz zu entfernen. In einem frischen Geschirrtuch die restliche Flüssigkeit ausdrücken. Die Zucchini in einer Schüssel mit Frühlingszwiebeln, Zitronenschale und -saft sowie 1 TL pflanzlichem Öl gut verrühren. Kichererbsenmehl und Backpulver vermischen, über das Gemüse stäuben und gründlich verrühren.

Am besten eine Fritteuse verwenden, ansonsten einen Wok etwa 2 cm hoch mit Öl füllen. Das Öl auf 180 °C erhitzen (Falls Sie kein Thermometer haben: Das Öl hat dann die richtige Temperatur, wenn ein Brotstückchen darin in 40 Sekunden goldbraun frittiert ist). Das Gemüse portionsweise in ca. 1–2 Minuten goldbraun frittieren.

Das frittierte Gemüse mit einer Schaumkehle herausheben und auf Küchenpapier abtropfen lassen. Mit Meersalz bestreuen. Das Gemüse im Backteig schmeckt frisch am besten, kann aber auch kurze Zeit im Backofen warm gehalten werden.

Gemüsetaschen mit Dip

Diese leckeren Gemüsetaschen eignen sich gut als Appetithäppchen. Man kann sie im Voraus machen und einfrieren. Kaufen Sie die Teigblätter im Asia-Laden. Für die Füllung können Sie nehmen, was Sie gerade im Kühlschrank haben. Mit dem köstlichen Dip und geraspelten Karotten können Sie auch einen schnellen Salat zubereiten.

1 EL Sesamöl
120 g Shiitake-Pilze
1 Senfkohl (Pak Choi)
1 Karotte, geraspelt
6 Frühlingszwiebeln,
    fein geschnitten
2 Knoblauchzehen
1–2 rote Chilischoten
2 cm frischer Ingwer, gerieben
1 Handvoll frischer Koriander
1 Packung runde, tiefgefrorene
    Gyoza-Teigblätter, aufgetaut
Speisestärke zum Bestäuben
Sesamöl zum Frittieren
    (nach Belieben)

Für den Dip
3 EL dunkle Sesam- oder
    Tamarisauce
2 TL Muscovado-Zucker
1 TL Sesamöl
2 EL Reisessig (oder
    Weißweinessig)
1 Knoblauchzehe, zerdrückt
1 TL frischer Ingwer, fein gerieben
½–1 rote Chilischote,
    sehr fein gehackt
1 Spritzer Zitronensaft
1 Handvoll frischer Koriander,
    gehackt

*1 Dampfgarer aus Bambus,
    mit Backpapier ausgelegt*

18 Stück

Für den Dip alle Zutaten in einer kleinen Schüssel gründlich verrühren.

Für die Teigtaschen das Sesamöl in einer Fritteuse bei mittlerer Hitze erwärmen und Pilze, Senfkohl und Karotte darin in etwa 5 Minuten weich frittieren. Das frittierte Gemüse zusammen mit Frühlingszwiebeln, Knoblauch, Chili, Ingwer und Koriander in einem Mixer fein hacken.

Die Arbeitsfläche mit etwas Speisestärke bestäuben und die Teigplatten darauf ausbreiten. 1 TL Füllung in die Mitte jedes Teigkreises geben. Mit einem Backpinsel die Ränder der Teigkreise mit etwas Wasser benetzen, den Teig zusammenklappen und die Ränder festdrücken. Achtgeben, dass keine Luft in der Tasche eingeschlossen ist. Mit den Fingern den Rand wellig eindrücken.

Den Dampfgarer auf einen Topf mit kochendem Wasser stellen. Die Teigtaschen in den mit Backpapier ausgekleideten Dampfgarer geben, zudecken und 10–15 Minuten im Dampf garen lassen, bis die Füllung heiß und gar ist.

Für zusätzliche Würze die Teigtaschen nach dem Garen bei hoher Hitze in 1 EL Sesamöl 1–2 Minuten in einer Pfanne knusprig anbraten, bis sie Farbe annehmen. Achtung, sie können leicht verbrennen.

Sowohl die rohen wie auch die gegarten Teigtaschen kann man einige Stunden im Kühlschrank aufbewahren. Die gegarten mit Dampf wieder aufwärmen.

Chicorée mit Roter-Bete-Füllung

Dieser leckere, farbenfrohe Salat eignet sich großartig für jedes Buffet. Der Chicorée gibt dem Ganzen eine bittere Note, die sich mit der erdigen Süße der Roten Bete paart. Das Gericht lässt sich gut vorher zubereiten. Allerdings sollte man dann einige Kräuter und Pistazien zurückbehalten und erst zum Schluss darüberstreuen.

50 g Basmatireis
5 Kardamomkapseln
50 g Quinoa
2 TL Kreuzkümmelsamen
2 TL Fenchelsamen
100 g Kichererbsen aus der Dose*, abgetropft und gründlich abgespült
Geriebene Schale und Saft von 2 Limetten
1 Handvoll frischer Koriander, fein gehackt, dazu einige Blätter zum Dekorieren
½ rohe Rote Bete, geschält und geraspelt (Gummihandschuhe verwenden)
70 g Pistazien, ganz oder grob gehackt, dazu einige zum Dekorieren
Salz und frisch gemahlener Pfeffer
2 EL Erdnussöl
1 Pr Zucker
15 mittelgroße Chicoréeblätter, gewaschen und getrocknet

15 Stück

Den Reis gründlich waschen und zusammen mit den Kardamomkapseln in einem großen Topf mit Salzwasser bissfest garen. Gründlich abseihen und zum Abkühlen auf einem Backblech verteilen. Beiseitestellen.

In der Zwischenzeit Quinoa in kochendem Salzwasser (Das Wasser sollte die Körner mit etwa 5 mm Überstand bedecken.) in etwa 10 Minuten bissfest garen. Gründlich abseihen und zum Abkühlen auf einem Backblech verteilen. Beiseitestellen.

Kreuzkümmel- und Fenchelsamen in einer Pfanne bei mittlerer Hitze leicht anrösten, bis sie duften. Beiseitestellen.

In einer Schüssel Kichererbsen, Reis, Quinoa, Limettenschale, Koriander, Kreuzkümmel- und Fenchelsamen, Rote Bete, Pistazien, Salz und Pfeffer gründlich vermischen.

Die Mischung mit Öl, Limettensaft, Zucker, Salz und Pfeffer abschmecken. Dann die Chicoréeblätter großzügig füllen und mit Koriander und den übrigen Pistazien bestreuen.

*Bei Verwendung von getrockneten Kichererbsen müssen diese über Nacht eingeweicht und in siedendem Wasser vor Gebrauch etwa 15 Minuten gekocht werden.

Samosas mit Zitronen-Knoblauch-Joghurt-Dip

Traditionell werden Samosas frittiert, man kann sie wie hier aber auch backen. Wir haben zwei köstliche Rezepte für die Füllungen, also können Sie sich eine aussuchen oder beide machen! Die Menge ist jeweils für 18 Füllungen berechnet.

100 g Butter
1 Packung (12 Blätter) Filoteig
2 EL Mohn oder Sesam
   (nach Belieben)

Für die Füllung mit Butternusskürbis
400 g Butternusskürbis, geschält
   und in Stücke geschnitten
2 EL Olivenöl
300 g Spinat
2 Knoblauchzehen, zerdrückt
1½ TL gemahlener Kreuzkümmel
1 TL gemahlener Koriander
2 EL frische glatte Petersilie, gehackt
Fein geriebene Schale von 1 Zitrone
50 g Pinienkerne (nach Belieben)
Salz und frisch gemahlener
   schwarzer Pfeffer

Für die Füllung mit Zucchini
2 Zucchini, ohne Kerne
120 g getrocknete Tomaten
200 g Feta
Fein geriebene Schale von 1 Zitrone
1 Knoblauchzehe, zerdrückt
½ TL Chilipulver
1 TL Senfsamen
¼ Muskatnuss, gemahlen
Salz und frisch gemahlener
   schwarzer Pfeffer

Für den Zitronen-Knoblauch-Joghurt-Dip
300 g Naturjoghurt
Geriebene Schale und Saft von
   2 Zitronen
2 Knoblauchzehen, zerdrückt
Salz und frisch gemahlener
   schwarzer Pfeffer

18 Stück

Den Backofen auf 190 °C vorheizen.

Für die Füllung mit Butternusskürbis den Kürbis mit dem Olivenöl mischen und auf einem Backblech im vorgeheizten Backofen in ca. 20–30 Minuten weich schmoren. Aus dem Backofen nehmen und zum Abkühlen beiseitestellen. In der Zwischenzeit den Spinat bei niedriger Hitze zugedeckt dünsten, bis er zusammengefallen ist. Die Flüssigkeit herausdrücken und den Spinat zum Abkühlen beiseitestellen. Knoblauch, Kreuzkümmel, Koriander, Petersilie, Zitronenschale und Pinienkerne (wenn gewünscht) in einer Schüssel mit dem abgekühlten Spinat und Kürbis vermischen. Mit Salz und Pfeffer abschmecken, beiseitestellen.

Für die Zucchini-Füllung Zucchini in Würfel schneiden und überschüssige Flüssigkeit entfernen (siehe Seite 35). Die getrockneten Tomaten und den Feta hacken und in einer Schüssel mit Zucchini, Zitronenschale, Knoblauch, Chilipulver, Senfsamen und Muskat gut durchmischen. Mit Salz und Pfeffer abschmecken. Beiseitestellen.

Für den Joghurt-Dip Joghurt, Zitronenschale und Knoblauch in einer Schüssel vermischen. Mit Zitronensaft, Salz und Pfeffer abschmecken.

Den Backofen auf 220 °C vorheizen.

Für die Samosas Butter in einer kleinen Pfanne zerlassen. Ein Teigblatt mit geschmolzener Butter bepinseln, ein zweites Teigblatt darauflegen. Den doppelten Teig in 3 Streifen schneiden. Leicht mit Butter bepinseln. (Den restlichen Teig mit einem feuchten Geschirrtuch gut abdecken). 1 EL Füllung auf das Ende eines Teigstreifens geben. Dabei unten und seitlich einen Rand von 1 cm freilassen. Die Füllung in Dreiecksform drücken, den unteren Rand hochklappen und den Teig zu einem Dreieck zusammenklappen. Den Kanten fest zusammendrücken. Die Samosas mit Butter bepinseln und mit Mohn oder Sesam bestreuen. Auf ein mit Backpapier belegtes Backblech legen. Den Vorgang mit dem restlichen Teig wiederholen.

Im vorgeheizten Backofen in 10–12 Minuten goldbraun backen. Mit dem Zitronen-Joghurt-Dip sofort servieren.

Gemüse im Tempurateig mit Wasabi-Dip

Eine schnelle und einfache Interpretation eines japanischen Klassikers. Toll zum Knabbern oder als Appetithäppchen mit einem Dip, mit Sojasauce, süßer Chilisauce oder einfach einem Spritzer Zitronensaft. Der Tempurateig gibt den Gemüsesticks eine moderne Note.

1 große Zucchini, Kerne entfernt, in 1 × 5 cm lange Streifen geschnitten
1 große Aubergine, in Scheiben
Salz
500 ml pflanzliches Öl zum Frittieren
40 g Mehl
60 g Speisestärke
¼ TL Backpulver
100–150 ml eiskaltes Mineralwasser mit Kohlensäure
1 Eiswürfel
½ Blumenkohl, in mundgerechte Röschen zerteilt
½ Brokkoli, in mundgerechte Röschen zerteilt
3 rote Paprika, in Streifen geschnitten

Für den Wasabi-Dip
2 TL Wasabipulver
2 EL Sesamöl
Schale und Saft von 1 Limette
1 frische rote Chilischote, gehackt
2 EL Sojasauce
3 cm frischer Ingwer, geschält und gerieben
1 Pr Zucker oder 1 TL Ahornsirup

4–6 Portionen

Zucchini und Aubergine salzen und in einem Sieb 10 Minuten abtropfen lassen. Gut abspülen, um das Salz zu entfernen, und trockentupfen.

Für den Wasabi-Dip das Wasabipulver in eine Schüssel geben. Nach und nach das Sesamöl dazuträufeln, so dass eine glatte Paste entsteht. Limettenschale und -saft, Chili, Sojasauce, Ingwer und Zucker unter ständigem Rühren hinzugeben, so dass sich alles gut vermischt. Abschmecken und eventuell noch nachwürzen.

Die Fritteuse auf 190 °C erhitzen oder eine große, tiefe Pfanne bei mittlerer Hitze zu einem Drittel mit Öl füllen. Das Öl hat dann die richtige Temperatur, wenn ein Brotstückchen darin in 20 Sekunden goldbraun frittiert ist.

Den Backteig unmittelbar vor dem Backen zubereiten. Dazu Mehl, Speisestärke, Backpulver und 1 Prise Salz in einer Schüssel vermischen. Das Wasser zugießen und den Teig kräftig schlagen, bis sich alles zu einem leichten Teig verbunden hat. Einzelne Klümpchen sind kein Problem, der Teig sollte auf keinen Fall länger als nötig geschlagen werden. Außerdem muss er eiskalt sein, deshalb einen Eiswürfel in den Teig geben, um ihn während der Verarbeitung kalt zu halten.

Die abgetrockneten Gemüsestücke in den Teig tauchen, überschüssigen Teig abstreifen und die Gemüsestücke portionsweise mit einer Schaumkelle in das heiße Öl gleiten lassen. 1–2 Minuten blass golden frittieren (Tempurateig bräunt nicht so stark). Das frittierte Gemüse auf Küchenpapier abtropfen lassen und leicht salzen. Sofort mit dem Wasabi-Dip oder einem Spritzer Zitrone servieren.

Panierter Halloumi

Warm und mit geschmolzenem Halloumi sind diese panierten Häppchen wirklich unwiderstehlich! Um dem Ganzen noch etwas mehr Schärfe zu geben, kann man sie mit Gewürzketchup servieren oder eine Prise Paprikapulver unter die Semmelbrösel mischen.

50 g Mehl, gesalzen und gepfeffert
1 Ei, leicht verquirlt
150 g Semmelbrösel
1 Pr scharfes Paprikapulver
   (nach Belieben)
250 g Halloumi, in 8 Scheiben
   geschnitten
500 ml pflanzliches Öl zum
   Frittieren
Salz und frisch gemahlener
   schwarzer Pfeffer
Zitronenspalten zum Servieren
Gewürzketchup (siehe Seite 64)
   zum Servieren (nach Belieben)

8 Portionen

Für die Panade Mehl, Ei und Semmelbrösel in drei separate Schüsseln geben. Auf Wunsch mit Paprika würzen. Die Halloumi-Scheiben in Mehl wälzen, überschüssiges Mehl abklopfen. Dann im Ei, schließlich in den Semmelbröseln wälzen. Für eine besonders knusprige Kruste den Vorgang mit den Semmelbröseln wiederholen.

Fritteuse auf 160 °C erhitzen, ansonsten eine tiefe Edelstahlpfanne bis zur Hälfte mit pflanzlichem Öl füllen. Das Öl hat die richtige Temperatur, wenn ein Brotstückchen darin in 60 Sekunden goldbraun frittiert ist.

Die panierten Halloumi-Stücke im heißen Öl in 3–4 Minuten goldbraun frittieren. Die frittierten Happen auf Küchenpapier abtropfen lassen, salzen und pfeffern. Warm servieren und dazu Zitronenspalten zum Beträufeln oder Gewürzketchup zum Dippen reichen.

Mini-Bruschettas

Bruschetta ist eine klassische italienische Vorspeise. Mit ein paar schnellen Rezepten für den Belag können Sie mit minimalem Aufwand im Handumdrehen eine Platte mit köstlichen, frischen Häppchen zaubern.

1 Ciabatta, in Scheiben geschnitten und
    leicht getoastet oder gegrillt
Olivenöl zum Beträufeln
Frische glatte Petersilie, gehackt
Salz und frisch gemahlener schwarzer
    Pfeffer

Für den Aufstrich mit Oliven und Kapern
500 g schwarze Oliven, entkernt,
    fein gehackt
2 Knoblauchzehen, zerdrückt
4 EL Kapern, gründlich abgespült
1 TL scharfes Chilipulver
1 Spritzer Olivenöl extra vergine
4 EL frische glatte Petersilie,
    fein gehackt
Geriebene Schale und Saft von
    2 Zitronen
1 Pr Zucker

Für den Belag mit Ofentomaten und Paprika
2 rote Paprika, ohne Samen
400 g frische Flaschentomaten
2 Knoblauchzehen, ganz, ungeschält
6 EL Olivenöl

Für das Pesto aus frischen Kräutern
2 große Handvoll frische glatte
    Petersilie
1 große Handvoll frisches Basilikum
2 Knoblauchzehen, zerdrückt
40 g Parmesan (mit mikrobiellem Lab),
    gerieben (nach Belieben)
100 g Pinienkerne, leicht angeröstet und
    gehackt
6 EL Olivenöl extra vergine
Geriebene Schale und Saft von
    2 Zitronen

Je Aufstrichrezept 16 Stück

Für den Oliven-Kapern-Aufstrich alle Zutaten außer dem Zitronensaft und dem Zucker im Mixer nach Belieben stückig oder fein pürieren. Mit Zitronensaft, Pfeffer und 1 Pr Zucker abschmecken.

Für den Belag mit Ofentomaten und Paprika den Backofen auf 200 °C vorheizen.

Die Paprikaschoten halbieren und mit Tomaten und Knoblauch auf ein mit Alufolie belegtes Backblech geben, salzen, mit Olivenöl beträufeln und im vorgeheizten Backofen garen. Den Knoblauch nach 15–20 Minuten herausnehmen und beiseitestellen, die Tomaten nach 20–25 Minuten. Die Paprika nach 30 Minuten herausnehmen, wenn die Haut Farbe angenommen hat, in einen Gefrierbeutel geben und gut verschließen (durch den entstehenden Dampf lässt sich die Haut leicht abziehen). Sobald die Tomaten abgekühlt sind, häuten, das Fleisch klein schneiden und in eine Schüssel geben. Die Knoblauchzehen aus ihrer Haut zu den Tomaten drücken. Die abgekühlte Paprika aus der Tüte nehmen, häuten und grob hacken. Alles in der Schüssel gut verrühren und mit Salz und Pfeffer abschmecken.

Für das Pesto aus frischen Kräutern alle Zutaten und die Hälfte des Zitronensafts in einem Mixer auf niedriger Stufe pürieren. Mit Salz, Pfeffer und nach Bedarf noch etwas Zitronensaft abschmecken.

Die Aufstriche auf leicht getoasteten oder gegrillten Ciabatta-Scheiben servieren. Mit etwas Olivenöl extra vergine beträufeln und mit gehackter Petersilie bestreuen. Sofort servieren.

Gebackene Feigen mit süßem Sherry-Dressing

Diese gebratenen Feigen sind ein schnelles und vielseitiges Gericht. Sie eignen sich als Appetithäppchen oder für eine gemischte Platte mit Mozzarella, Rucola und Pinienkernen. Man kann dafür sogar einen noch süßeren Sherry und ½ TL Vanilleextrakt verwenden und sie mit extra Honig und Vanilleeis als Dessert servieren.

30 g Butter oder Pflanzenfett
   (für die vegane Variante)
2 EL flüssiger Honig, Ahornsirup
   oder Agavendicksaft
4 EL halbtrockener Sherry
8 frische Feigen
2 Kugeln frischer Büffel-Mozzarella
   (nach Belieben, nicht vegan)
mehrere große Handvoll Rucola
50 g geröstete Pinienkerne

1 Auflaufform, gefettet

4 Portionen

Den Backofen auf 180 °C vorheizen.

Butter oder Pflanzenfett, Honig oder Sirup und Sherry bei niedriger Hitze in einem kleinen Topf sanft erhitzen, bis das Fett geschmolzen ist und die Flüssigkeit etwas eindickt.

Die Feigen mit einem scharfen Messer von oben her fast gänzlich kreuzförmig einschneiden. Dann von unten vorsichtig drücken, so dass sie sich oben wie eine Blume öffnen. In die vorbereitete Form setzen. Die Sherry-Mischung über die Feigen gießen und im vorgeheizten Backofen etwa 15 Minuten backen, bis die Feigen weich sind.

Die Feigen auf eine Platte geben. Den Mozzarella (falls gewünscht) in Stückchen teilen und damit die Feigen füllen. Mit Rucola umgeben und mit gerösteten Pinienkernen bestreuen. Die Sauce aus der Backform darübergießen und sofort servieren.

Dips, Salsas und Saucen

Diese köstlichen schnellen Rezepte machen die einfachsten vegetarischen Gerichte interessant. Mit einer Rote-Bete-Remoulade zaubern Sie Frische und Farbe, mit saisonalen Pestos mehr Geschmack und mit Chili-Marmelade und Gewürzketchup Süße und Würze.

Remoulade mit Roter Bete, Sellerie und Apfel

Diese köstliche, knackige Remoulade ist die perfekte Beilage für alle herzhaften Quiches oder Tartes. Außerdem ist sie ideal für ein leichtes Mittagessen oder als Snack. Hier servieren wir sie mit cremigem Ziegenkäse auf Baguettescheiben.

Geriebene Schale und Saft von
  1 Zitrone
5 EL Mayonnaise (siehe Aioli
  Seite 19, ohne Knoblauch, oder
  gekauft)
1 Knoblauchzehe, zerdrückt
2 TL frischer Dill, fein gehackt,
  sowie einige Zweige zusätzlich
  zum Servieren
2 TL Dijonsenf
1 TL Sahnemeerrettich
Salz und frisch gemahlener
  schwarzer Pfeffer
¼ Sellerie, geschält und geraspelt
2 Äpfel, mit Schale geraspelt
2 kleine Rote Beten, geschält und
  geraspelt
1 Handvoll Walnüsse, gehackt
  (nach Belieben)

Für das Baguette mit Ziegenkäse
(nach Belieben)
1 knuspriges Baguette
100 g Ziegenkäse
1 Spritzer Olivenöl

4—6 Portionen

Für die Remoulade Zitronenschale und -saft mit der Mayonnaise in einer kleinen Schüssel verrühren.

Knoblauch, Dill, Senf und Sahnemeerrettich dazugeben und mit Salz und Pfeffer abschmecken. Sellerie-, Apfel- und Rote-Bete-Raspel unter die Mayonnaise rühren.

Für das Ziegenkäse-Baguette den Grill vorheizen. Das Baguette in schräge Scheiben schneiden, eine Seite mit Ziegenkäse bestreichen und mit Olivenöl beträufeln. Unter dem Grill toasten, bis der Käse warm und golden ist.

Die Remoulade mit gehackten Walnüssen und Dillzweigen dekorieren und mit Ziegenkäse-Baguette servieren.

Süßkartoffel-Hummus mit Brotsticks

Dieser samtig-cremige Süßkartoffel-Hummus ist eine interessante Abwechslung zu der üblichen Variante mit Kichererbsen. Die Brotsticks sind einfach zuzubereiten und herrlich knusprig. Glutenfrei wird der Snack mit Chips aus Wurzelgemüse.

1 Süßkartoffel, ungeschält
3 Knoblauchzehen, ungeschält
200 g Kichererbsen aus der Dose
1 frische rote Chilischote,
    fein gehackt
1 Handvoll frischer Koriander,
    gehackt
2 EL Olivenöl
Geriebene Schale und Saft von
    ½ Limette
Salz und frisch gemahlener
    schwarzer Pfeffer

Für die Brotsticks (nach Belieben)
300 g Mehl
2 TL Trockenhefe
2 TL Salz
1 TL Zucker
4 EL Olivenöl
120–150 ml lauwarmes Wasser
1 EL getrocknete Kräutermischung
1 TL Cayennepfeffer oder Salz und
    frisch gemahlener schwarzer
    Pfeffer

4–6 Portionen

Für den Süßkartoffel-Hummus den Backofen auf 180 °C vorheizen.

Die Süßkartoffel 30–40 Minuten in einer Auflaufform im Backofen schmoren, bis sie sehr weich ist. Etwa 20 Minuten vor Ende der Garzeit die Knoblauchzehen dazugeben.

Das Gemüse aus dem Backofen nehmen, etwas abkühlen lassen. Häuten und mit Kichererbsen, Chili, Koriander, Olivenöl und Limettenschale in der Küchenmaschine bis zur gewünschten Konsistenz verarbeiten. Mit Salz, Pfeffer und Limettensaft abschmecken.

Für die Brotsticks den Backofen auf 170 °C vorheizen.

Mehl, Hefe, Salz und Zucker in einer Schüssel vermischen. In die Mitte eine Mulde drücken, Olivenöl und Wasser hineingießen und alles zu einem weichen, aber nicht klebrigen Teig verkneten.

Den Teig etwa 10 Minuten mit den Händen kneten, dann zugedeckt an einem warmen Ort 40–60 Minuten gehen lassen, bis sich sein Volumen verdoppelt hat.

Den Teig halbieren und eine Hälfte eingewickelt aufbewahren, so dass der Teig nicht austrocknet. Die andere Hälfte zu einem flachen Rechteck von etwa 0,5–1 cm Dicke ausrollen, anschließend in 1 cm breite Streifen schneiden. Die Streifen stiftartig rollen. Mit der anderen Teighälfte ebenso verfahren. Getrocknete Kräuter, Cayennepfeffer oder Salz und Pfeffer auf einem Brett verteilen, die Brotsticks darin wälzen und dann auf ein bemehltes Backblech legen. Im vorgeheizten Backofen etwa 20–30 Minuten goldgelb backen. Auf einem Kuchengitter auskühlen lassen.

Den Süßkartoffel-Hummus in eine Schüssel füllen und mit den abgekühlten Brotsticks servieren.

Dip aus geschmorten Auberginen und roten Zwiebeln mit Pita-Chips

Dieser reichhaltige, cremige Dip ähnelt dem beliebten arabischen Baba Ganoush. Man kann ihn am Vortag zubereiten und mit Gewürzen wie Kreuzkümmel, Fenchel oder Chili variieren. Außerdem kann man den Geschmack der Pita mit Cayennepfeffer oder Fünf-Gewürze-Pulver verfeinern. Ohne die Pita ist das Gericht auch glutenfrei.

1 große Aubergine
2 rote Zwiebeln, geviertelt
4 Knoblauchzehen, ganz
Geriebene Schale und Saft von
**   1 Zitrone**
1 Pr Zucker
4 EL Olivenöl
Salz und frisch gemahlener
**   schwarzer Pfeffer**

Für die Pita-Chips (nach Belieben)
1 EL Paprikapulver
2 EL Olivenöl
5 Pita-Fladen, der Länge nach
**   halbiert, in Streifen geschnitten**

Zum Servieren
2 EL Granatapfelkerne
**   (nach Belieben)**
1 EL Olivenöl extra vergine,
**   zum Beträufeln**

4–6 Portionen

Für den Dip den Backofen auf 190 °C vorheizen.

Aubergine, Zwiebeln und Knoblauch auf einem Backblech im vorgeheizten Backofen backen, bis alles weich ist. Den Knoblauch nach 10–15 Minuten und die Zwiebeln nach 20–25 Minuten herausnehmen, die Aubergine nach 40–45 Minuten.

Anschließend die Aubergine halbieren und das Fleisch herauslöffeln. Die Knoblauchzehen aus der Haut drücken, die weichen Herzstücke und äußeren Schalen der Zwiebeln entfernen. Auberginen, Zwiebeln, Knoblauch, Zitronenschale, Zucker, Olivenöl, Salz und Pfeffer in einem Mixer glatt pürieren. Nach Bedarf mit Zitronensaft, Zucker, Salz und Pfeffer abschmecken.

Für die Pita-Chips den Backofen auf 200 °C vorheizen.

Ein Backblech mit Öl beträufeln und mit Paprikapulver, Salz und Pfeffer bestreuen. Die Brotstreifen in der Gewürzmischung wenden. Im vorgeheizten Backofen in 8 Minuten goldbraun und knusprig backen.

Den Dip in eine Schüssel füllen und nach Bedarf mit Granatapfelkernen bestreuen. Mit etwas Olivenöl extra vergine beträufeln und mit den Pita-Chips zum Dippen servieren.

Vier würzige Pestos

Pestos sind tolle Saucen zu frisch gekochten Nudeln, aber sie geben auch vielen anderen Gerichten Farbe und Geschmack. Sie können sie als Würze von frittiertem Gemüse und Quiches verwenden, sie auf Crostini streichen und daraus leckere Kanapees machen oder sie für einen schnellen, würzigen Snack mit frischem Brot servieren.

Für das Pesto mit geschmorter Roter Bete

1 gegarte große Rote Bete, geschält
1 EL Dill, gehackt
Geriebene Schale von ½ Zitrone
Saft von 1 Zitrone
1 Handvoll frische glatte Petersilie, gehackt
1 Handvoll Rucola
1 Knoblauchzehe, zerdrückt
2 EL Olivenöl extra vergine
1 Handvoll Walnüsse, geröstet
2 TL Kapern
1 EL Frischkäse (nach Belieben)

Für das Kräuter-Pesto mit Ricotta

250 g Ricotta
1 große Handvoll frische glatte Petersilie
1 große Handvoll frische Minze
Geriebene Schale von 1 Zitrone
Saft von 2 Zitronen
2 Knoblauchzehen
2 frische rote Chilischoten
Salz und frisch gemahlener schwarzer Pfeffer
Geröstete Pinienkerne zum Bestreuen

Je Pesto 4–6 Portionen

Für das Brunnenkresse-Pesto

1 große Handvoll Brunnenkresse (etwa 50 g)
Geriebene Schale und Saft von 1 Zitrone
50 g Mandeln, blanchiert und geröstet
6 EL Olivenöl extra vergine
20 g Parmesan (mit mikrobiellem Lab), gerieben
1 Knoblauchzehe, zerdrückt
Salz und frisch gemahlener Pfeffer

Für das Pilz-Walnuss-Pesto

320 g braune Champignons, in 1 EL Olivenöl angebraten
2 Knoblauchzehen
2 EL Walnussöl
½ TL getrockneter Rosmarin
1 frische rote Chilischote
Saft von ½ Zitrone
1 Handvoll frische glatte Petersilie, gehackt
1 Handvoll Walnüsse

Für jedes Pesto jeweils alle Zutaten in einem Mixer pürieren, bis sich eine sämige Paste ergibt. Um das Pesto etwas flüssiger zu machen, einfach etwas Olivenöl hineinträufeln.

Alternativ ohne Mixer alle Zutaten mit der Hand fein hacken und mit Mörser und Stößel vermischen.

Obwohl die Pestos frisch am besten schmecken, halten sie sich bis zu 3 Tage, wenn man sie im Kühlschrank in einem luftdichten Behälter aufbewahrt.

Caponata

In Italien isst man die Caponata als warme Gemüsebeilage oder als kalte Vorspeise. Unsere Interpretation dieses traditionellen sizilianischen Rezepts genießt man am besten bei Zimmertemperatur als Dip zu getoastetem Ciabatta. Es kann bereits am Vortag zubereitet werden.

1 Aubergine, gewürfelt
Salz und frisch gemahlener Pfeffer
1 TL Zimt
2 EL Olivenöl
1 rote Zwiebel, gehackt
2 Selleriestangen, fein geschnitten
1 Knoblauchzehe, zerdrückt
400 g gehackte Tomaten aus der Dose
1 Handvoll Rosinen
2 EL Weißwein (es gibt vegane Weine)
2 TL Kapern
1 EL Weißweinessig
2 TL Zucker
1 Spritzer frisch gepresster Zitronensaft

Zum Servieren
1 Handvoll frische glatte Petersilie, gehackt
1 Spritzer Olivenöl extra vergine
Frisch gepresster Zitronensaft
Ciabattascheiben, getoastet

4—6 Portionen

Die Auberginenwürfel großzügig salzen, pfeffern und mit Zimt bestäuben. Das Olivenöl auf niedriger Stufe in einer großen Pfanne erhitzen und die Auberginenwürfel darin in etwa 10 Minuten weich und goldbraun braten. Die Auberginen aus der Pfanne nehmen und beiseitestellen.

Die Pfanne wieder auf die heiße Herdplatte stellen, Zwiebel, Sellerie und Knoblauch hinzufügen und in etwa 8 Minuten weich schmoren. Tomaten, Rosinen und Weißwein dazugeben und bei schwacher Hitze 20 Minuten köcheln lassen. Die gegarten Auberginenwürfel unterrühren, Kapern, Essig, Zucker und Zitronensaft hinzufügen und bei schwacher Hitze kochen, bis sich der Essiggeschmack abschwächt. Vom Herd nehmen und auf Raumtemperatur abkühlen lassen.

Die Petersilie unterrühren und mit je einem Spritzer Olivenöl extra vergine und Zitronensaft abschmecken. Auf getoastete Ciabattascheiben geben und servieren.

Schnelle frische Salsas

Diese vielseitigen Salsas sind im Handumdrehen zubereitet und können eine Vielzahl an einfachen Gerichten verfeinern.

Apfel-Sellerie-Minz-Salsa

2 TL Weißweinessig
1 TL Puderzucker
Salz und frisch gemahlener
  schwarzer Pfeffer
1 Apfel mit Schale, entkernt und
  gehackt
2 kleine Selleriestangen,
  fein geschnitten
3 Frühlingszwiebeln,
  fein geschnitten
1 Handvoll frische Minze, gehackt
1 Handvoll Walnüsse, grob gehackt

4–6 Portionen

Essig und Zucker in einer Schüssel verrühren und mit Salz und Pfeffer würzen. Apfel, Sellerie, Frühlingszwiebeln, Minze und Walnüsse mit dem Dressing vermischen. Mit Salz und Pfeffer abschmecken.

Karotten-Orangen-Minz-Salsa

1 TL Ingwer, gerieben
Geriebene Schale von 1 Zitrone
1 Spritzer Zitronensaft
2 EL Olivenöl
3–4 TL Weißweinessig
Salz und frisch gemahlener
  schwarzer Pfeffer
2 Karotten, geputzt und geraspelt
2 Orangen, geschält und in
  Schnitzen
1 Handvoll frische Minze, gehackt
1 Pr Mohnsamen (nach Belieben)

4–6 Portionen

Ingwer, Zitronenschale, Zitronensaft, Olivenöl und Essig in einer Schüssel verrühren und mit Salz und Pfeffer würzen. Karotten, Orangen und Minze mit dem Dressing vermischen. Nach Belieben vor dem Servieren mit Mohnsamen bestreuen.

Asiatische Gurken-Salsa

1 Gurke, in dünne Scheiben
  gehobelt
2 ½ TL Salz
1 EL Reisessig
2 TL Puderzucker
1 Pr Sesamsamen

4–6 Portionen

Die Gurkenstreifen mit 2 TL Salz vermischen und in einem Sieb 5–10 Minuten abtropfen lassen. Abspülen und in einem frischen Geschirrtuch die restliche Flüssigkeit herausdrücken. Dann die Gurke in eine Schüssel geben.

Reisessig, Zucker und ½ TL Salz in einer Schüssel verrühren, über die Gurkenstreifen gießen und gründlich durchmischen. Wenn die Gurke weich sein soll, ein paar Stunden marinieren. Vor dem Servieren mit Sesamsamen bestreuen.

Gewürzketchup

Wenn Sie Ihr Ketchup einmal selbst gemacht haben, werden Sie nie mehr eines aus dem Supermarkt wollen! Zu wilden Kartoffeln oder paniertem Halloumi (siehe Seite 44) schmeckt es einfach unwiderstehlich. Außerdem ist es ein tolles Geschenk für Leckermäulchen.

2 EL Olivenöl
2 rote Zwiebeln, fein gehackt
1 Selleriestange, fein geschnitten
4 cm frischer Ingwer, gerieben
2 Knoblauchzehen, zerdrückt
2 TL rotes Chilipulver
1½ EL Kreuzkümmelsamen
1½ EL Fenchelsamen
1600 g gehackte Tomaten
    aus der Dose
2 EL Rotweinessig
2 EL Balsamico-Essig
1 TL Feinzucker
2 TL Demerara-Zucker
2 EL Tomatenmark
2 TL Zitronenthymian, gehackt
2 Lorbeerblätter
Salz und frisch gemahlener
    schwarzer Pfeffer

600 ml

Das Öl in einer großen tiefen Pfanne auf niedriger Stufe erhitzen. Zwiebeln und 2 EL Wasser hinzufügen und die Zwiebeln weich dünsten. Falls die Zwiebeln am Boden hängen bleiben, etwas mehr Wasser zugießen. Dann den Sellerie dazugeben und weich dünsten. Anschließend Ingwer, Knoblauch und Gewürze hinzufügen und 1 Minute lang mitdünsten. Den Rest der Zutaten zugeben, aufkochen, die Temperatur reduzieren und ohne Deckel etwa 45 Minuten köchelnd eindicken. Falls die Tomatenmischung immer noch dünnflüssig ist, die Temperaturzufuhr erhöhen, bis das Ganze eingedickt ist.

Vom Herd nehmen und leicht abkühlen lassen. Die Lorbeerblätter entfernen und die Mischung mit einem Stabmixer pürieren. Mit Salz und Pfeffer abschmecken und Stückchen lassen oder für ein feineres Ketchup das Ganze durch ein feines Sieb streichen.

Um das Ketchup steril in Flaschen abzufüllen, den Backofen auf 100 °C vorheizen. Die Flaschen spülen und im Backofen etwa 20 Minuten sterilisieren. Das warme Ketchup in die warmen, sterilisierten Flaschen gießen. Oben jeweils etwas Luft lassen. Die Flaschen sofort verschließen. Dicht verschlossen sollte sich das Ketchup mehrere Monate halten. Nach dem Öffnen im Kühlschrank aufbewahren und innerhalb von 3 Wochen aufbrauchen.

Süße Chili-Marmelade

Diese feurige Marmelade ist so viel besser als die gekauften. Sie ist ziemlich scharf, aber ihre Süße mildert das wunderbar ab. Sie lässt sich lange Zeit aufbewahren, obwohl sie sich nie lange hält, weil sie dazu viel zu lecker ist! Passt zu Eierspeisen, Käse oder Sandwiches.

2–3 frische rote Chilischoten
  mit Samen*
6 Knoblauchzehen
4 cm frischer Ingwer
500 g Feinzucker
250 g Muscovado-Zucker
250 ml Rotweinessig
1 kg rote, gelbe und/oder orange
  Paprika, gehackt
400 g gehackte Tomaten aus der
  Dose
2 TL Sojasauce (nach Belieben)

1 Liter

* Dieses Rezept ist für eine
  mittelscharfe Marmelade. Wenn
  sie schärfer gewünscht wird,
  nach Bedarf noch mehr Chili
  zugeben.

Chili, Knoblauch und Ingwer in einer Küchenmaschine fein hacken.

Zucker und Essig in einem großen Topf bei niedriger Hitze kochen, bis sich der Zucker aufgelöst hat. Die Chili-Mischung, Paprika und Tomaten dazugeben und aufkochen. Die Mischung auf mittlerer Stufe 45–90 Minuten kochen lassen, bis sie eine dunkle Farbe und eine sirupartige Konsistenz angenommen hat. Regelmäßig vorsichtig umrühren, besonders gegen Ende der Kochzeit, damit nichts anbrennt.

Gelierprobe machen: Etwas Marmelade auf einen gekühlten Unterteller geben, 1 Minute abkühlen lassen, dann die Konsistenz prüfen.

Um die Marmeladengläser zu sterilisieren, den Backofen auf 120 °C vorheizen. Die Gläser spülen und für etwa 20 Minuten im Backofen sterilisieren.

Wenn die Marmelade die gewünschte Konsistenz erreicht hat, etwas Sojasauce zugeben und noch 1 Minute kochen, dann vom Herd nehmen. Die Marmelade 5 Minuten stehen lassen. Schaum abheben, dann die noch warme Marmelade in die warmen, sterilisierten Gläser füllen. Die Gläser sofort verschließen und an einem trockenen kühlen Ort aufbewahren. So hält sich die Marmelade bis zu 1 Jahr.

Suppen
und Salate

Mit Suppen und Salaten kann man frisches
Gemüse wunderbar präsentieren – vom
leichten, erfrischenden Sommergericht bis
hin zum wärmenden winterlichen Wohlfühlessen. Wie kann man saisonale Produkte das ganze Jahr über besser genießen?

Tomaten-Paprika-Suppe mit Käse-Scones

Diese einfache Suppe ist mit ihrer leuchtenden Farbe und Geschmacksintensität garantiert jedes Mal eine Freude. Ohne die Scones ist es ein veganes Rezept.

2 mittelgroße rote Zwiebeln, geviertelt

2 Knoblauchzehen, ungeschält

5 Flaschentomaten, halbiert

4 rote Paprika, halbiert und ohne Samen

2 EL Olivenöl

300 ml Gemüsebrühe

1 Pr Zucker

400 g gehackte Tomaten aus der Dose

Salz und frisch gemahlener schwarzer Pfeffer

Für die Käse-Scones

250 g Mehl

2 TL Backpulver

⅓ TL Salz

55 g Butter

30 g reifer Gouda oder Cheddar, gerieben

1 Ei, verquirlt

130 ml fettarme Milch

1 Ei, leicht verquirlt zum Glasieren

Zum Servieren

1 EL frisches Basilikum, fein gehackt (nach Belieben)

4–6 TL Crème fraîche oder Sauerrahm (nach Belieben)

1 gerilltes Ausstechförmchen

4–6 Portionen

Den Backofen auf 200 °C vorheizen.

Für die Suppe Zwiebeln, Knoblauch, Tomaten und Paprika auf ein gefettetes Backblech legen. Mit dem Olivenöl beträufeln, salzen und pfeffern. Etwa 30 Minuten im Backofen schmoren, bis die Zwiebeln und Tomaten weich sind und die Paprika etwas Farbe angenommen hat. Den Knoblauch bereits nach 10–15 Minuten aus dem Backofen nehmen.

Die Paprika in einem verschlossenen Gefrierbeutel abkühlen lassen. Die Tomaten häuten und das Fleisch in eine Schüssel geben. Die Knoblauchzehen aus ihrer Haut drücken und dazugeben. Feste Schalen der Zwiebeln entfernen und den Rest zu Knoblauch und Tomaten geben.

Die abgekühlte Paprika vorsichtig häuten und das Fleisch zu den anderen Zutaten in die Schüssel geben, Gemüsebrühe, Zucker, Dosentomaten hinzufügen und mit Salz und Pfeffer würzen. Das Ganze im Mixer sehr fein pürieren. Nochmals abschmecken.

Für die Käse-Scones den Backofen auf 200 °C vorheizen. Mehl, Backpulver und Salz in eine Rührschüssel sieben. Die Butter unterkneten, bis ein krümeliger Teig entsteht. Dann den Käse einarbeiten. Ei und Milch hinzufügen und alles zu einem glatten Teig kneten. Den Teig auf einer leicht bemehlten Oberfläche zu einer Dicke von etwa 2,5 cm ausrollen. Mit dem Förmchen Kreise ausstechen und auf ein gefettetes Backblech legen. Die Scones mit Ei bestreichen und mit Mehl bestäuben. 15 Minuten im vorgeheizten Backofen backen, bis sie gut aufgegangen und leicht golden sind.

Die Suppe auf Schüsseln verteilen und mit dem Basilikum bestreuen. Nach Geschmack einen Löffel Sauerrahm dazugeben. Warm oder kalt und nach Geschmack mit Käse-Scones servieren.

Linsensuppe mit Curry und frischer Kräuterpaste

Die würzige Kräuterpaste gibt dieser wohltuenden Suppe eine leichte, frische Note, sodass sie das ganze Jahr über schmeckt.

1 EL pflanzliches Öl
2 Schalotten, fein gehackt
4 Knoblauchzehen, zerdrückt
1 frische rote Chilischote, fein gehackt
2 TL Kurkuma
½ TL Garam Masala
1 mittelgroße Süßkartoffel, in Stücke geschnitten
250 g getrocknete rote Linsen, gewaschen und abgetropft
500 ml Gemüsebrühe
Salz und frisch gemahlener schwarzer Pfeffer
1 EL Olivenöl extra vergine
Knusprige Brotstücke zum Servieren (nach Belieben)

Für die frische Kräuterpaste
1 Tomate
1 Knoblauchzehe
2 cm frischer Ingwer, geschält
1 frische rote Chilischote
1 Handvoll frischer Koriander
1 EL pflanzliches Öl

4–6 Portionen

Für die Suppe das Öl auf niedriger Stufe in einer Pfanne erhitzen und die Schalotten darin zugedeckt in 5–10 Minuten glasig, aber nicht braun dünsten. Knoblauch, Chili und Gewürze hinzufügen und 2 Minuten mitdünsten. Dann Süßkartoffel und Linsen gründlich unterrühren. Soviel Gemüsebrühe zugießen, dass alle Zutaten bedeckt sind. Zum Kochen bringen, dann bei niedriger Hitze 45–60 Minuten köcheln lassen, bis Linsen und Süßkartoffeln sehr weich sind.

Für eine glatte Suppe alles kräftig rühren, um die Linsen zu zerdrücken. Großzügig mit Salz und Pfeffer würzen und das Olivenöl unterrühren.

Für die Kräuterpaste alle Zutaten in den Mixer geben und glatt pürieren. Die Suppe auf Teller verteilen und je einen Löffel Kräuterpaste hineinrühren. Heiß servieren, dazu nach Belieben knusprige Brotstücke reichen.

Kalte Minz- und Gurkensuppe mit Parmesan-Chips

Diese erfrischende Suppe ist perfekt für einen warmen Sommertag. Man kann sie gut vorbereiten und sie lässt sich servierbereit einen Tag im Kühlschrank aufbewahren. Die Parmesan-Chips geben dem Ganzen eine besondere Note, sind aber nach Belieben.

6 Gurken, geschält, entkernt,
  in große Stücke geschnitten
1 kleine Handvoll frische Minze,
  grob gehackt
460 g Crème fraîche oder
  Sauerrahm
Geriebene Schale und Saft von
  1 Zitrone, zum Abschmecken
1½ Knoblauchzehen, zerdrückt
1 TL Zucker
Salz und frisch gemahlener
  schwarzer Pfeffer

**Für die Parmesan-Chips
(nach Belieben)**
50 g Parmesan (mit mikrobiellem
  Lab), fein gerieben

4–6 Portionen

Für die Suppe Gurke und Minze im Mixer pürieren und anschließend durch ein engmaschiges Sieb passieren.

Die Hälfte des im Sieb zurückgebliebenen Fruchtfleisches zusammen mit der passierten Sauce zurück in den Mixer geben und mit Crème fraîche oder Sauerrahm, Zitronenschale, Knoblauch, Zucker, Salz und Pfeffer glatt pürieren. Abschmecken und bei Bedarf mit Zitronensaft, Zucker, Salz und Pfeffer nachwürzen. Wir mögen diese Suppe am liebsten stark gewürzt, um die köstlichen Geschmacksnoten hervorzuheben. In eine Schüssel füllen und kalt stellen.

Für die Parmesan-Chips den Backofen auf 180 °C vorheizen.

Auf ein mit Backpapier ausgelegtes Backblech mit Abstand Streifen von geriebenem Parmesan streuen. Im vorgeheizten Backofen 7 Minuten backen, bis der Parmesan schmilzt und leicht Farbe annimmt. Aus dem Backofen nehmen und die Käse-Chips mit einem Pfannenwender vorsichtig vom Blech heben. Auf einem Kuchengitter auskühlen lassen.

Die Suppe in Teller füllen und je 1 Eiswürfel hineingeben, damit die Suppe kalt bleibt. Mit den Parmesan-Chips dekorieren und sofort servieren.

Salat mit Ofengemüse, gegrilltem Halloumi und Rucola

Ein frischer, bunter Salat, der schnell und einfach zuzubereiten ist – perfekt für ein Essen unter der Woche. Einfach Ihr Lieblingsgemüse klein schneiden und im Backofen 40 Minuten schmoren, während Sie am Ende eines langen Tages die Füße hochlegen können.

2 rote Zwiebeln, gehäutet und geviertelt
1 Aubergine, in grobe Stücke geschnitten
1 Zucchini, in grobe Stücke geschnitten
1 Süßkartoffel, in grobe Stücke geschnitten
1 rote Paprika, in Streifen geschnitten
1 Handvoll Cocktailtomaten
3 EL Olivenöl
Salz und frisch gemahlener schwarzer Pfeffer
250 g Halloumi (mit mikrobiellem Lab), in Streifen geschnitten
140 g Rucola
4 Knoblauchzehen, ungeschält
1 kleine Handvoll Pinienkerne, geröstet

Für das Basilikumöl
1 kleine Handvoll Basilikum
100 ml Olivenöl

4 Portionen

Den Backofen auf 200 °C vorheizen.

Das Gemüse mit dem Olivenöl in eine Auflaufform geben, salzen und pfeffern. Das Gemüse 40–60 Minuten im Backofen weich und goldbraun schmoren.

Für das Basilikumöl Wasser in einem kleinen Topf zum Kochen bringen. Das Basilikum etwa 10 Sekunden in das kochende Wasser geben. Herausnehmen und zum Abkühlen in eine Schüssel mit kaltem Wasser geben. Das Basilikum abtropfen lassen und abtrocknen, dann mit dem Öl im Mixer glatt pürieren. Durch ein Sieb in eine Schüssel durchseihen und beiseitestellen.

Eine Grill- oder Bratpfanne leicht ölen und bei mittlerer Stufe erhitzen. Die Halloumi-Streifen in die Pfanne geben und von beiden Seiten goldbraun braten.

Für den Salat den Rucola unter das geschmorte Gemüse heben. Den Knoblauch schälen, hacken und hinzufügen. Den Salat auf Teller und darauf die Halloumistreifen geben. Mit dem Basilikumöl beträufeln und mit Pinienkernen bestreuen. Sofort servieren.

Quinoa-Salat mit Roter Bete, grünen Bohnen und pikantem Ingwer-Dressing

Dieser exotische Salat verwendet Quinoa, eine glutenfreie Alternative zu Couscous. Quinoa ist eine großartige Ergänzung für eine vegetarische Ernährung, weil es eine vollwertige Eiweißquelle und reich an Ballaststoffen ist. Um dem Salat eine knusprige Note zu geben, können Sie ihn mit Röstzwiebeln garnieren.

2 Rote Beten, ungeschält
1 große Handvoll grüne Bohnen
100 g Quinoa
250 ml Gemüsebrühe
1 Handvoll Pistazienkerne, geröstet
200 g Kichererbsen aus der Dose
2 Orangen, geschält und filetiert

Für die Röstzwiebeln
1 Schalotte, in feine Ringe
    geschnitten
3 EL Kichererbsenmehl
Pflanzliches Öl zum Frittieren

Für das Ingwer-Dressing
Geriebene Schale und Saft von
    ½ Orange
Saft von ½ Zitrone
1 Knoblauchzehe, zerdrückt
2 cm frischer Ingwer, geschält,
    fein gehackt
½–1 frische rote Chilischote,
    fein gewürfelt
1 Handvoll frische Minze,
    fein gehackt
Salz und frisch gemahlener
    schwarzer Pfeffer

2–4 Portionen

Den Backofen auf 200 °C vorheizen.

Die Roten Beten in Alufolie wickeln und 30 Minuten im Backofen schmoren. Abkühlen lassen und in mundgerechte Stücke schneiden.

In einem Topf Wasser zum Kochen bringen und darin die grünen Bohnen in etwa 4 Minuten bissfest garen, dann in kaltem Wasser abschrecken.

Quinoa und Gemüsebrühe in einem Topf aufkochen, dann 15 Minuten köcheln lassen, bis die Körner gar sind (weich, aber noch mit Biss) und die Brühe aufgenommen ist. Vom Herd nehmen und zugedeckt 5 Minuten ruhen lassen, dann die Körner mit einer Gabel lockern.

Für die Röstzwiebeln die Schalottenringe in dem Kichererbsenmehl wenden, bis sie gut damit bedeckt sind. 1 cm Öl in eine tiefe Pfanne oder einen Wok geben und bei mittlerer Hitze erwärmen. Das Öl auf 180 °C erhitzen (Falls Sie kein Thermometer haben: Das Öl hat dann die richtige Temperatur, wenn ein Brotstückchen darin in 40 Sekunden goldbraun frittiert ist.).

Die bemehlten Schalottenringe in die Pfanne geben und 30 Sekunden frittieren, bis sie knusprig und golden sind. Auf Küchenpapier abtropfen lassen und salzen.

Für das Dressing alle Zutaten in einer Schüssel verrühren. Salzen und pfeffern.

Für den Salat alle Zutaten zusammen in eine große Schüssel geben. Mit dem Dressing vermischen, dann auf Teller verteilen und mit einigen Röstzwiebeln garniert servieren.

Sommerliches Gemüse-Carpaccio

Bei diesem erfrischenden Carpaccio werden die hauchfeinen Gemüsescheiben mit einem würzigen, süß-sauren asiatischen Dressing verfeinert. Sie können dazu jedes knackige Gemüse verwenden, das Sie gerade im Kühlschrank haben. Das Geheimnis ist, alles so hauchdünn zu schneiden, dass es das Dressing aufnehmen kann und dadurch zart wird. Mit einem ganz feinen Hobel erreichen Sie gleichmäßige, dünne Scheiben. Es ist eine wunderbare Vorspeise oder Beilage und passt besonders gut zu sommerlichen Gerichten.

5 große Rettiche
1 große Karotte
½ Fenchelknolle
1 große Zucchini
½ rote Zwiebel

Für das asiatische Dressing
1 Knoblauchzehe
2 TL Ingwer, fein gehackt
1 Tomate, gehäutet und
   fein gehackt
1 EL Minze, fein gehackt
1 EL Koriander, fein gehackt
Geriebene Schale von 1 Limette
Saft von ½ Limette
3 EL Olivenöl extra vergine
½ EL Reisessig oder Weißweinessig
½ frische rote Chilischote
1½ TL Feinzucker
Salz und frisch gemahlener
   schwarzer Pfeffer

4–6 Portionen

Mit einem Gemüsehobel oder einem sehr scharfen Messer sorgfältig Rettich, Karotte, Fenchel, Zucchini und rote Zwiebel so fein wie möglich schneiden. Das vorbereitete Gemüse in eine Schüssel geben, zudecken und beiseitestellen.

Für das asiatische Dressing alle Zutaten in einer kleinen Schüssel mit einer Gabel gut verrühren.

Für den Salat das Dressing über das vorbereitete Gemüse gießen und gründlich durchmischen, damit alles gut bedeckt ist. Den Salat mit einem Salatbesteck auf Teller verteilen und sofort servieren.

Winterlicher Salat
mit Graupen, Pilzen und Walnüssen

Graupen sind eine tolle ballaststoff- und eiweißreiche Alternative zu Grundlebensmitteln wie Reis und Couscous und haben eine wunderbar nussige Note. Eine Auswahl an Pilzen der Saison gibt dem Salat einen reichhaltigen, erdigen Geschmack, während Chili an einem kalten Tag angenehm wärmt.

200 g Graupen
400 ml Gemüsebrühe
1 Handvoll Walnusskerne
1 EL Walnussöl
320 g gemischte Pilze der Saison, fein geschnitten
2 Knoblauchzehen, zerdrückt
Salz und frisch gemahlener schwarzer Pfeffer
¼ TL getrockneter Rosmarin
¼ TL rotes Chilipulver
1 Handvoll Salatblätter

Für das Dressing
4 Frühlingszwiebeln, fein gehackt
2 EL Walnussöl
2 TL Balsamico-Essig
1 Spritzer Zitronensaft
1 Handvoll glatte Petersilie, fein gehackt

2–4 Portionen

Die Graupen mit der Gemüsebrühe in einem Topf bei mittlerer Hitze zum Kochen bringen. 20–30 Minuten zart, aber bissfest garen.

Inzwischen die Walnüsse in einer Pfanne bei mittlerer Hitze anrösten.

In einer anderen Pfanne das Walnussöl erhitzen, Pilze und Knoblauch hinzufügen. Goldbraun braten, salzen und pfeffern. Rosmarin und Chili unterrühren. Die Mischung in eine Schüssel geben und die Pfanne für das Dressing auf den Herd zurückstellen.

Für das Dressing Frühlingszwiebeln, Walnussöl, Balsamico-Essig und Zitronensaft in die Pfanne geben und gründlich vermischen. Auf niedriger Stufe erhitzen und kurz aufkochen. Vom Herd nehmen, salzen und pfeffern und die Petersilie unterrühren.

Für den Salat die Salatblätter mit Pilzen und Graupen in eine große Schüssel geben und mit dem Dressing gründlich vermischen. Auf Teller verteilen und sofort servieren.

Warmer Linsensalat mit Curry, Käse und Gewürzdressing

Dieser frische, leckere Salat ist mild gewürzt und passt perfekt zu frittiertem Panir oder mariniertem Tofu als vegane Variante. Der Salat selbst hält sich gut, so dass er auch schon am Vortag zubereitet werden kann, dann haben die Aromen auch Zeit, sich zu entfalten.

400 g grüne Linsen aus der Dose
2 Selleriestangen, fein geschnitten
2 Karotten, geraspelt
50 g Cashewkerne, geröstet
½ Mango, in Streifen geschnitten
Fein geriebene Schale von
   ½ Limette
1 EL pflanzliches Öl
200 g Panir oder Tofu, in Scheiben
   geschnitten
1 Handvoll frische Minze oder
   Koriander, gehackt
Limettenspalten zum Servieren

Für das Gewürzdressing
4 EL pflanzliches Öl
1 Schalotte, fein gehackt
½ TL Senfsamen
1 TL Garam Masala
½ TL Kurkuma
1 Pr rotes Chilipulver
1 Knoblauchzehe, zerdrückt
1 TL Zucker
1 EL Weißweinessig
50 g Rosinen
½ frische rote Chilischote,
   ohne Samen, fein geschnitten

2–4 Portionen

Für das Gewürzdressing die Hälfte des Öls in einem kleinen Topf erhitzen. Die Schalotte hinzufügen und bei schwacher Hitze 5 Minuten bissfest dünsten. Restliches Öl, Senfsamen, Garam Masala, Kurkuma, Chilipulver, Knoblauch und Zucker hinzufügen und 2 Minuten mitdünsten. Den Herd ausschalten und Essig, Rosinen und frische Chilischote dazugeben.

Für den Salat Linsen, Sellerie, Karotten, geröstete Cashewkerne, Mango und Limettenschalen in einer großen Schüssel mit dem warmen Dressing bis auf 2 EL gründlich vermischen.

Für die Zubereitung des Panirs oder Tofus das Öl in einer Pfanne erhitzen und die Scheiben auf beiden Seiten goldbraun anbraten.

Panir- oder Tofustreifen mit dem restlichen Dressing bestreichen und auf dem Salat anrichten. Den Salat mit frischer Minze oder Koriander bestreuen und mit Limettenspalten servieren.

Asiatischer Salat mit mariniertem Tofu

Dieser knackige Salat ist perfekt als leichtes Mittagessen oder als kleine Beilage zu einem asiatischen Menü. Sie können jedes beliebige Gemüse verwenden, das Sie gerade zur Hand haben.

100 g Spargelspitzen
100 g Zuckerschoten
50 g Cashewkerne, geröstet
100 g Reisnudeln (nach Belieben)
100 g frische Sojasprossen
1 Karotte, in dünne Streifen geschnitten
1 EL gerösteter Sesam zum Servieren

Für den marinierten Tofu
200 g Tofu
2 EL Sesamöl
1 EL dunkle Sojasauce oder Tamari-Sauce
½ frische rote Chilischote, fein gehackt
1 TL frischer Ingwer, gerieben
Geriebene Schale und Saft von ½ Limette
½ TL Zucker

Für das Dressing
½ TL Salz
2 TL Zucker
Geriebene Schale und Saft von 1 Limette
1 TL Weißweinessig
½ frische rote Chilischote

4 Portionen

Für den marinierten Tofu alle Zutaten außer dem Tofu in einer Schüssel gut verrühren. Den Tofu darin 30 Minuten ziehen lassen.

In einem Topf Wasser aufkochen, Spargel und Zuckerschoten 3 Minuten bissfest kochen, dann mit kaltem Wasser abschrecken. Das Gemüse der Länge nach halbieren und in eine Schüssel geben. Die Cashewkerne darüberstreuen.

Reisnudeln, falls gewünscht, nach Packungsanweisung kochen.

Alle Zutaten für das Dressing in einer Schüssel gut vermischen. Die Salatzutaten hinzufügen und gründlich mischen, bis alles mit Dressing bedeckt ist. Den marinierten Tofu über den Salat krümeln und mit etwas Sesam bestreuen.

Italienisches Brot

Dieses weiche Brot ist der italienischen Focaccia ähnlich und passt wunderbar zu Suppe oder Salat. Sie können es mit schmackhaften Zutaten wie Meersalz und frischen Rosmarinnadeln oder Kirschtomaten, roten Zwiebeln oder frischem Pesto verfeinern.

450 g Mehl Type 550
2 TL Salz
7 g Trockenhefe
1 TL Zucker
3 EL Olivenöl
250 ml lauwarmes Wasser

Für den Belag
Olivenöl zum Beträufeln
½ TL grobes Meersalz
100 g Kirschtomaten
2 EL Pesto nach Wahl (siehe Seite
    58) oder gekauftes Pesto,
    rot oder grün
1 Handvoll frische Rosmarinnadeln
1 rote Zwiebel, fein geschnitten

6 Portionen

Mehl, Salz, Trockenhefe und Zucker in einer großen Schüssel vermischen. Eine Mulde in die Mitte der Mehlmischung drücken und das Olivenöl zugießen. Dann 185 ml Wasser hinzufügen. Schnell rühren, so dass ein weicher Teig entsteht. Falls der Teig zu fest erscheint, das restliche Wasser zugeben.

Den Teig auf eine leicht bemehlte Oberfläche stürzen und etwa 10 Minuten kneten, bis er glatt und elastisch ist. Den Teig in der Schüssel zugedeckt an einem warmen Ort 45 Minuten gehen lassen, bis sich sein Volumen verdoppelt hat.

Den Teig 1–2 Minuten kräftig durchkneten, dann auf einem bemehlten Backblech in ein großes Rechteck von etwa 2 cm Dicke ausziehen. Mit geölter Frischhaltefolie bedecken und nochmals 30–40 Minuten gehen lassen. Der Teig ist fertig, wenn sich sein Volumen verdoppelt hat. Wenn man ein Loch hineindrückt, federt es halb zurück.

Den Backofen auf 200 °C vorheizen.

Mit einem Finger den Teig gleichmäßig überall eindrücken, dann mit Olivenöl beträufeln und mit Meersalz bestreuen. Kirschtomaten, Pesto und Rosmarin darauf verteilen. Im vorgeheizten Backofen auf der oberen Schiene insgesamt 25–30 Minuten backen, nach 10 Minuten Backzeit die Zwiebeln dazugeben. Beim Herausnehmen sollte das Brot gut aufgegangen und goldbraun sein, sich relativ leicht anfühlen und hohl klingen, wenn man gegen den Boden klopft.

Einfaches Brot

Dieses einfache Brot geht schnell und schmeckt köstlich zu selbst gemachten Suppen. Es ist in 30 Minuten fertig und lässt die Küche wundervoll duften!

175 g Mehl
175 g Vollkornmehl
1 TL Salz
1 TL Natron
50 g Haferflocken
50 g Butter
285 ml Buttermilch
1 Handvoll gemischte Samen zum Bestreuen

6–8 Portionen

Den Backofen auf 200 °C vorheizen.

Die beiden Mehlsorten in eine Schüssel sieben, Salz, Natron und Haferflocken hinzufügen. Die trockenen Zutaten gut vermischen.

Die Butter in einem Topf zerlassen und die Buttermilch dazugießen. Eine Mulde in die Mitte der trockenen Zutaten drücken. Die Buttermilchmischung hineingießen und kräftig rühren, bis alle trockenen Zutaten gut eingearbeitet sind.

Den Teig mit der Hand 1–2 Minuten kneten und dann auf einem Backblech zu einem runden Laib formen. Ein tiefes Kreuz in die Oberfläche schneiden, dann mit gemischten Samen bestreuen und mit etwas Mehl bestäuben.

Im vorgeheizten Backofen 20–25 Minuten backen, bis der Laib gut aufgegangen und golden ist und hohl klingt, wenn man gegen den Boden klopft.

Hauptgerichte

Hier finden Sie köstliche, unkomplizierte Rezepte
für Mahlzeiten unter der Woche und üppigere
fürs Wochenende, wenn Sie mehr Zeit zum
Kochen haben. Probieren Sie herzhafte Eintöpfe
oder leichtere Varianten für wärmere Tage.

Winterlicher Gemüseeintopf mit Kräuterklößchen

In diesem Eintopf steckt ganz viel Wurzelgemüse, er ist herzhaft und gesund. Das Rezept ist äußerst wandlungsfähig, Sie können dafür eigentlich jedes Gemüse verwenden. Die unten aufgeführten Gemüse passen perfekt für einen kalten Wintertag, im Sommer jedoch können sie durch frische Riesenbohnen, Erbsen und Spargel ersetzt werden.

2 EL Olivenöl
25 g Butter
3 Schalotten, geviertelt
2 Kartoffeln, in große Stücke geschnitten
1 Pastinake, in große Stücke geschnitten
250 g Babykarotten, ganz
250 g Champignons, ganz
1 Lauchstange, in Ringe geschnitten
2 Knoblauchzehen, zerdrückt
4 frische Thymianzweige
Salz und frisch gemahlener schwarzer Pfeffer
1 TL Dijonsenf
2 EL Mehl
1 EL Balsamico-Essig
240 ml Weißwein (vegan)
400 g Limabohnen aus dem Glas
250 g frische Rote Beten, geschält und in große Stücke geschnitten
300 ml Gemüsebrühe

Für die Kräuterklößchen
250 g Mehl
2 TL Backpulver
125 g kalte gesalzene Butter
1 Handvoll frische Kräuter
1 Pr Senfpulver (nach Belieben)
Salz und frisch gemahlener schwarzer Pfeffer

4 Portionen

Den Backofen auf 180 °C vorheizen.

Öl und Butter bei mittlerer Temperatur in einem Bräter erhitzen. Die Schalotten darin 2 Minuten dünsten. Kartoffeln, Pastinake, Karotten, Pilze und Lauch hinzufügen und 5 Minuten unter gelegentlichem Umrühren braten, bis das Gemüse golden wird. Die Temperatur reduzieren, Knoblauch und Thymian hinzufügen. Großzügig salzen und pfeffern, dann den Senf unterrühren. Das Mehl so lange unterrühren, bis es gut verteilt ist. Essig und Wein zugießen und 2 Minuten kochen lassen. Limabohnen und Rote Bete dazugeben, behutsam rühren, dann die Gemüsebrühe zugießen.

Die Mischung zum Kochen bringen und 2 Minuten kochen. Dann zugedeckt im vorgeheizten Backofen 40–50 Minuten garen. Wenn der Eintopf dann noch zu flüssig ist, nochmals auf den Herd stellen und die Flüssigkeit etwas reduzieren.

In der Zwischenzeit die Knödel zubereiten. Dazu Mehl und Backpulver in eine Schüssel sieben.

Die kalte Butter in kleine Stücke hacken, dann in das Mehl einarbeiten. Wenn der Teig krümelig ist und keine Butterstückchen mehr zu sehen sind, die gehackten Kräuter und nach Bedarf Senfpulver unterrühren, salzen und pfeffern. Einige EL Wasser unterkneten, um daraus einen festen Teig zu machen.

Den Teig in walnussgroße Kugeln aufteilen. Mit Frischhaltefolie abdecken und im Kühlschrank aufbewahren, bis der Eintopf fertig ist. Dann die Knödel auf den Eintopf geben, den Bräter zudecken und zurück in den Backofen oder bei mittlerer Hitze 20 Minuten auf den Herd stellen, bis die Knödel aufgegangen und oben golden sind.

Tarte Tatin mit Karotten und Lauch

Eine herzhafte Tarte Tatin ist ein einfaches, aber beeindruckendes vegetarisches Hauptgericht, perfekt für Gäste. Wir mögen das Rezept besonders gern mit Karotten und Lauch, aber mit gebratenen Tomaten oder Schalotten schmeckt es genauso gut.

1 EL Olivenöl
25 g Butter
1 EL Honig
1 Knoblauchzehe, zerdrückt
1 cm frischer Ingwer, geschält und
	fein gehackt
1 TL Balsamico-Essig
400 g Karotten, geputzt, ganz
1 Lauchstange, längs in Streifen
	geschnitten
2 EL Weißwein
Salz und frisch gemahlener
	schwarzer Pfeffer
375 g Blätterteig

Für die Balsamico-Creme
150 ml Balsamico-Essig
50 g dunkler Rohrzucker
1 EL Honig

4 Portionen

Den Backofen auf 200 °C vorheizen.

Öl und Butter in einer Pfanne mit feuerfestem Griff bei mittlerer Hitze auf dem Herd erwärmen. Den Honig hinzufügen und erhitzen, bis die Mischung Blasen wirft und goldbraun wird. Knoblauch, Ingwer und Balsamico-Essig dazugeben. Die Karotten in die Pfanne geben und in der Mischung wälzen, bis sie ganz bedeckt sind, dann mit den Lauchstreifen alle Lücken füllen. Weißwein zugießen und zugedeckt bei mittlerer Hitze 5 Minuten garen. Deckel abnehmen und etwa 1 Minute auf hoher Stufe garen, bis die Karotten auf der Unterseite goldbraun sind. Großzügig salzen und pfeffern.

Den Blätterteig passend zur Pfanne zuschneiden und auf das Gemüse legen, den Rand nach unten in die Form einschlagen. Die Tarte im vorgeheizten Backofen 20 Minuten backen, bis der Blätterteig aufgegangen und goldbraun ist.

Inzwischen die Balsamico-Creme zubereiten. Dazu den Balsamico-Essig bei hoher Temperatur in einem Topf kochen, bis er um die Hälfte reduziert ist. Die Temperatur reduzieren, Rohrzucker und Honig dazugeben und rühren, bis sich alles aufgelöst hat. Die Mischung köcheln, bis sie glänzt und eine sirupartige Konsistenz hat.

Wenn die Tarte fertig ist, mit einem Messer den Rand lösen und umgekehrt auf einen Teller stürzen, solange sie noch heiß ist. Mit der Balsamico-Creme beträufeln und servieren.

Gemüse-Linsen-Moussaka

Dieses Wohlfühlessen ist äußerst geschmacksintensiv und eine willkommene Abwechslung zur üblichen Lasagne. Man kann es gut vorbereiten und es macht garantiert alle glücklich.

2 Auberginen, der Länge nach in Scheiben geschnitten
5 EL Olivenöl
1 rote Zwiebel, fein gehackt
120 ml Weißwein
1 Karotte, fein gehackt
1 rote Paprika, fein gehackt
½ Zucchini, fein gehackt
1 Handvoll Dill, fein gehackt
1 TL getrockneter Oregano
1 TL gemahlener Zimt
100 g rote Linsen
400 g gehackte Tomaten aus der Dose
Salz und frisch gemahlener schwarzer Pfeffer
600 g Kartoffeln, geschält und in Scheiben geschnitten
400 g Naturjoghurt
2 Eier
Geriebene Schale von 1 Zitrone
Muskatnuss, frisch gerieben
60 g Feta, zerbröckelt

4 Portionen

Die Auberginen salzen, mit 2 EL Olivenöl beträufeln und 15–20 Minuten im vorgeheizten Backofen leicht braun werden lassen.

Inzwischen die Zwiebeln mit 1 EL Olivenöl und 1 EL Wasser in einem großen Topf zugedeckt bei niedriger Hitze in 5–10 Minuten weich dünsten. Den Wein zugießen und offen bei hoher Temperatur kochen, bis der Wein auf die Hälfte reduziert ist. Karotte, Paprika, Zucchini, Dill, Oregano und Zimt hinzufügen und das Gemüse goldbraun garen. Linsen und Tomaten sowie 240 ml Wasser dazugeben und bei schwacher Hitze 20 Minuten köcheln. Mit Salz und Pfeffer abschmecken.

Die Kartoffeln in den restlichen 2 EL Olivenöl goldbraun braten. Aus der Pfanne nehmen und auf Küchenpapier abtropfen lassen.

Den Backofen auf 180 °C vorheizen.

Für das Moussaka den Boden einer Auflaufform mit der Hälfte der Auberginen auslegen, mit der Hälfte der Linsen bedecken und darauf die Hälfte der Kartoffeln legen. Das Ganze wiederholen.

Für die Sauce Joghurt, Eier, Zitronenschale, Muskat und die Hälfte des Fetas verrühren. Über das Moussaka gießen und darüber den restlichen Feta verteilen. Im vorgeheizten Backofen in 45 Minuten goldbraun backen. Heiß oder zimmerwarm mit grünem Salat servieren.

Rote-Bete-Risotto

Ein Risotto ist ein wunderbares Gericht für jeden Tag. Dieses einfache Rezept ist besonders lecker und die unglaubliche Farbe bietet immer Gesprächsstoff!

500 g rohe Rote Bete
2 TL Butter
2 rote Zwiebeln, fein gehackt
2 Knoblauchzehen, zerdrückt
6–8 cm frischer Ingwer, geschält und
    gerieben
400 g Risottoreis
200 ml Weißwein
850 ml Gemüsebrühe
Geriebene Schale und Saft von 1–2 Zitronen,
    zum Abschmecken
50 g Parmesan (mit mikrobiellem Lab),
    gerieben
3 Thymianzweige, Blätter fein gehackt
Salz und frisch gemahlener schwarzer Pfeffer
1 Handvoll glatte Petersilie, fein gehackt,
    und extra zum Servieren

4 Portionen

Den Backofen auf 200 °C vorheizen.

Die Roten Beten einzeln in Alufolie wickeln und auf ein Backblech legen. Im vorgeheizten Backofen 40 Minuten backen, bis sie weich sind. Etwas abkühlen lassen, dann mit der Folie die Haut abreiben und die Roten Beten in Würfel schneiden. Beiseitestellen.

Die Butter in einem Topf auslassen, die Zwiebeln hinzufügen und bei niedriger Hitze etwa 10 Minuten weich dünsten. Falls die Zwiebeln anhängen, 2 EL Wasser hinzufügen. Knoblauch und Ingwer dazugeben und 1–2 Minuten mitdünsten. Den Reis zufügen und glasig dünsten. Den Wein zugießen und rühren, bis er aufgenommen ist. Dann ein Viertel der Gemüsebrühe unterrühren. Rühren, bis alle Flüssigkeit verkocht ist.

Die Gemüsebrühe unter kontinuierlichem Rühren portionsweise zugießen, bis der Reis weich, aber bissfest ist. Den Topf vom Herd nehmen und Zitronenschale, -saft und Parmesan unterrühren. Danach die Rote-Bete-Würfel und den Thymian zugeben, salzen und pfeffern. Die Konsistenz sollte dick und cremig sein. Falls nötig, etwas Gemüsebrühe zugießen.

In vorgewärmte Teller verteilen und mit frisch gehackter Petersilie bestreuen. Sofort servieren.

Selbst gemachte Baked Beans

Diese selbst gemachten Beaked Beans sind toll für einen gemütlichen Abend zu Hause. Man kann sie auf gebuttertem Toast, mit Brot zum Dippen oder mit unserem schnellen Maisbrot (siehe Seite 15) servieren.

2 EL Olivenöl
1 rote Zwiebel, gehackt
2 Knoblauchzehen, zerdrückt
1 EL brauner Zucker
1 EL Melasse
1 TL Dijonsenf
½ TL Paprikapulver
1 EL Balsamico-Essig
½ frische rote Chilischote,
    ohne Kerne, fein gehackt
    (nach Belieben)
400 g weiße Bohnen aus der Dose
400 g gehackte Tomaten aus der
    Dose
240 ml Gemüsebrühe
Salz und frisch gemahlener
    schwarzer Pfeffer
Scheiben gebutterter Toast,
    knuspriges Brot oder schnelles
    Maisbrot (siehe Seite 15)
    zum Servieren (nach Belieben)

2–4 Portionen

Den Backofen auf 160 °C vorheizen.

Öl und 2 TL Wasser in einem Bräter bei niedriger Temperatur erhitzen. Zwiebel darin in etwa 10 Minuten weich dünsten.

Knoblauch, Zucker, Melasse, Senf, Paprikapulver, Essig und Chili nach Bedarf hinzufügen und kräftig rühren, bis alles gut vermischt ist. Weiße Bohnen, Tomaten und Gemüsebrühe dazugeben und zum Kochen bringen. 2 Minuten kochen, dann zugedeckt auf der mittleren Schiene im vorgeheizten Backofen 2 Stunden backen. Ist die Mischung dann noch zu flüssig, den Bräter anschließend nochmals bei niedriger Temperatur auf den Herd stellen und die Flüssigkeit auf die gewünschte Konsistenz eindicken. Großzügig salzen und pfeffern. Mit gebuttertem Toast oder Maisbrot heiß servieren.

2 EL Olivenöl

2 rote Zwiebeln, geviertelt

Je 1 TL gemahlene Kurkuma und
    Zimt

½ TL Paprikapulver

1 cm frischer Ingwer, geschält und
    fein gehackt

1 roter Chili, fein gehackt

2 Knoblauchzehen, zerdrückt

Geriebene Schale von 1 Orange

1 rote und 1 gelbe Paprika, grob
    gehackt

1 Süßkartoffel, geschält und
    gewürfelt

1 Aubergine, in große Stücke
    geschnitten

2 Karotten, in Scheiben
    geschnitten

50 g getrocknete Aprikosen,
    geviertelt

400 g gehackte Tomaten aus der
    Dose

1 EL klarer Honig oder Ahornsirup

400 g Kichererbsen aus der Dose,
    abgetropft

500 ml Gemüsebrühe

1 große Handvoll Babyspinat

Zum Servieren

1 Handvoll Koriander, gehackt,
    in griechischen Joghurt gerührt
    (nach Belieben)

Gegarter Couscous oder Quinoa

4–6 Portionen

Tajine mit Gemüse

Chloes Freundin Annabel macht einen leckeren Eintopf nach marokkanischer Art, auf dem dieses Rezept
basiert. Es ist ein äußerst vielseitiges Gericht, sodass
Sie einfach das Gemüse verwenden können, das Sie
gerade zur Hand haben. Dazu können Sie reichlich
Couscous oder – glutenfrei – Quinoa servieren.

Den Backofen auf 180 °C vorheizen.

Das Öl in einem Bräter auf niedriger Stufe auf dem Herd erhitzen.
Darin die Zwiebeln 5 Minuten anbraten. Kurkuma, Zimt, Paprikapulver, Ingwer, Chili, Knoblauch und Orangenschale dazugeben
und 1 Minute anbraten. Dann Paprika, Süßkartoffel, Aubergine und
Karotten hinzufügen. Gut verrühren, sodass alles mit der Gewürzmischung bedeckt ist, und 2 Minuten braten.

Aprikosen, Tomaten, Honig oder Ahornsirup und Kichererbsen
unterrühren, dann die Gemüsebrühe zugießen. Zum Kochen bringen und 2 Minuten kochen lassen. Zugedeckt im vorgeheizten
Backofen 30–40 Minuten schmoren. Wenn die Tajine fertig ist,
aus dem Backofen nehmen und den Spinat hineinrühren.

Die Tajine auf Teller mit Couscous oder Quinoa verteilen und mit
frisch gehacktem Koriander und nach Geschmack mit Joghurt
garnieren. Heiß servieren.

Curry mit geschmorten Auberginen, Süßkartoffeln und Spinat

Dieses einfache, leichte und gesunde Curry ist schnell zubereitet und verlangt keinen umfangreichen Vorrat an Gewürzen. Es wird mit einem großen Löffel Natur- oder Sojajoghurt, frisch gehackten Kräutern und Reis serviert.

2 Auberginen, gewürfelt

1 Süßkartoffel, geschält und gewürfelt

Salz und frisch gemahlener schwarzer Pfeffer

2 EL Olivenöl

1 EL gemahlener Zimt

1 EL pflanzliches Öl

½ TL Senfsamen

1 Schalotte, gehackt

2 cm frischer Ingwer, geschält und gerieben

2 Knoblauchzehen, zerdrückt

1 frische rote Chilischote, fein gehackt

2 TL Garam Masala

2 TL Zucker

400 g gehackte Tomaten aus der Dose

1 große Handvoll frischer Spinat, gewaschen und getrocknet

1 Pr Zucker, zum Abschmecken

1 Spritzer frischer Limettensaft

1 Handvoll frischer Koriander, fein gehackt

Zum Servieren
Gekochter Reis
Natur- oder Sojajoghurt
   (nach Belieben)

4–6 Portionen

Den Backofen auf 180 °C vorheizen.

Auberginen und Süßkartoffel auf ein Backblech geben, salzen und pfeffern. Mit dem Olivenöl beträufeln und mit Zimt bestäuben. Im vorgeheizten Backofen etwa 40 Minuten schmoren, bis alles gar und golden ist.

Das Öl in einem großen Topf erhitzen. Die Senfsamen hinzugeben und zugedeckt etwa 2 Minuten rösten, bis sie aufplatzen. Die Temperatur reduzieren und Schalotte, Ingwer, Knoblauch und Chili dazugeben. Etwa 3 Minuten braten, bis sie anfangen, weich zu werden. Garam Masala und Zucker hinzufügen und weitere 5 Minuten braten. Schließlich die Tomaten zugeben und 15 Minuten garen. Das gebackene Gemüse unter die Sauce rühren und bei niedriger Hitze etwa 10 Minuten garen, dann den Spinat dazugeben, bis er zusammenfällt. Nach Bedarf mit Zucker, Limettensaft, Salz und Pfeffer abschmecken.

Auf Teller verteilen und mit Reis und nach Geschmack etwas Natur- oder Sojajoghurt heiß servieren.

Marinierte, gefüllte Pilze mit weißen Bohnen

Dieses Gericht kommt aus der einfachen, ländlichen französischen Küche. Die Pilze ergeben eine Vorspeise oder ein leichtes Mittagessen (perfekt für Veganer), aber mit den Bohnen auch ein wärmendes Abendessen.

2 Knoblauchzehen, zerdrückt
4 EL Olivenöl
4 EL Weißwein (vegan)
Nadeln von 1 Zweig Rosmarin
4 große Zuchtchampignons, gehäutet; entfernte Stiele für die Füllung aufbewahren
1 EL Kapern, abgetropft und gehackt
1 Handvoll glatte Petersilie, gehackt
4 EL Semmelbrösel (auf Wunsch glutenfrei)
Salz und frisch gemahlener schwarzer Pfeffer
Olivenöl zum Bepinseln
Baguettescheiben (nach Belieben)

Für die weißen Bohnen
½ weiße Zwiebel, fein gehackt
30 g Butter oder Pflanzenfett
400 g weiße Bohnen aus der Dose, abgetropft
150 ml Gemüsebrühe
2 TL Dijonsenf
3 EL Sahne oder Sojasahne (nach Belieben)
1 Handvoll Spinat, fein gehackt
Salz und frisch gemahlener schwarzer Pfeffer

2–4 Portionen

Den Backofen auf 180 °C vorheizen.

Für die Marinade Knoblauch, Öl, Wein und Rosmarin in einer Schüssel vermischen. Die Flüssigkeit über die Pilze gießen und 30 Minuten ziehen lassen.

Für die Füllung die Champignonstiele hacken, mit Kapern, Petersilie, Semmelbröseln, Salz und Pfeffer in einer Schüssel vermischen und 1 EL Marinade hinzufügen. Die Champignons damit füllen.

Die Pilze in einer Auflaufform im vorgeheizten Backofen 15 Minuten backen. Wenn Sie wollen, können Sie Baguettescheiben mit etwas Öl bepinseln und parallel dazu im Ofen rösten.

Für die Bohnen die Zwiebeln in der Butter oder in Pflanzenfett in einem Topf zugedeckt bei niedriger Temperatur 5–10 Minuten weich dünsten. Bohnen und Gemüsebrühe hinzufügen. 5 Minuten köcheln lassen. Zum Abschluss Senf, Sahne und Spinat unterrühren, salzen und pfeffern.

Die gefüllten Pilze auf Teller verteilen und mit den Bohnen servieren.

Gefüllte Zwiebeln mit Spinat und Ricotta

Gefüllte Zwiebeln sind viel einfacher zu machen, als Sie vielleicht denken, und können gut vorbereitet werden, sodass sie ideal für Gäste sind. Wir füllen sie mit Ricotta und Spinat, aber auch eine nussige Creme wäre denkbar. Servieren Sie doch dazu unsere köstliche Caponata (siehe Seite 60) als Beilage.

8 rote oder weiße Zwiebeln
Salz und frisch gemahlener
    schwarzer Pfeffer
2 EL Olivenöl
75 g frischer Spinat, fein gehackt
250 g Ricotta
Geriebene Schale und Saft von
    ½ Zitrone
½ TL geriebene Muskatnuss
Pinienkerne und Semmelbrösel
    (auf Wunsch glutenfrei) zum
    Bestreuen
Caponata (siehe Seite 60) zum
    Servieren (nach Belieben)

4 Portionen

Den Backofen auf 180 °C vorheizen.

Die Wurzeln der Zwiebeln abschneiden, so dass die Zwiebeln gerade stehen. Dann oben etwa 2 cm entfernen und die Zwiebeln häuten. Das Innere der Zwiebeln aushöhlen, dabei die äußeren 1–2 Schichten stehen lassen. Falls der Boden der Zwiebel ein Loch hat, mit einem Zwiebelstück aus dem Inneren auskleiden.

Ein großes Stück Alufolie auf einem Backblech ausbreiten und die Zwiebeln daraufsetzen. Salzen und pfeffern, mit Olivenöl beträufeln und 2 EL Wasser dazugießen. Dann die Zwiebeln in die Folie einwickeln und im vorgeheizten Backofen in 30 Minuten weich schmoren.

Für die Füllung den Spinat in einem Topf bei niedriger Hitze zusammenfallen lassen. Überschüssige Flüssigkeit abtropfen und den Spinat abkühlen lassen. Ricotta, Spinat, Zitronenschale und -saft, Muskat, Salz und Pfeffer in einer Schüssel gründlich verrühren.

Die gebackenen Zwiebeln mit der Spinatmischung füllen und für eine knusprige Kruste mit 1 Handvoll Pinienkernen und Semmelbröseln bestreuen. Die Zwiebeln auf ein Backblech setzen und in weiteren 15 Minuten im Backofen goldbraun backen. Sofort servieren, nach Geschmack mit je einer Portion Caponata oder grünem Salat.

Fenchel mit Zitronen-Wildreisfüllung und frischer Tomatensauce

Dieses leichte, wohlriechende Gericht enthält frische Kräuter, Fenchel und Zitrone und wird mit einer frischen Tomatensauce serviert. Man kann es gut vorbereiten und schiebt es dann nur noch in den Ofen – also perfekt für ein sommerliches Abendessen.

8 Fenchelknollen

Salz und frisch gemahlener schwarzer Pfeffer

1 EL Olivenöl, dazu Olivenöl zum Beträufeln

4 EL Weißwein

100 g Wildreis

400 ml Gemüsebrühe

3 Schalotten, gehackt

2 Knoblauchzehen, zerdrückt

Geriebene Schale und Saft von ½ Zitrone

60 g Parmesan (mit mikrobiellem Lab), gerieben

1 Handvoll frische glatte Petersilie, Minze oder Schnittlauch, gehackt

60 g Semmelbrösel (auf Wunsch glutenfrei)

Für die frische Tomatensauce

4 Strauchtomaten

1 Knoblauchzehe, zerdrückt

2 EL Olivenöl

1 EL Weißwein

1 TL Zucker

1 TL Tomatenmark

1 Spritzer frischer Zitronensaft

1 TL Balsamico- oder Weißweinessig

1 Handvoll frische glatte Petersilie, Minze oder Schnittlauch, gehackt

4 Portionen

Den Backofen auf 180 °C vorheizen.

Die Unterseite der Fenchelknollen begradigen, so dass sie aufrecht sitzen, und oben etwa 2 cm abschneiden. Die Knolle aushöhlen, das herausgenommene Fleisch fein hacken und beiseitestellen.

Ein großes Stück Alufolie auf einem Backblech ausbreiten und die Fenchelknollen daraufsetzen. Salzen und pfeffern, mit Olivenöl beträufeln und die Hälfte des Weißweins zugießen, dann in die Folie einwickeln. Im vorgeheizten Backofen in etwa 40 Minuten weich schmoren.

Den Wildreis mit der Gemüsebrühe nach Packungsanleitung kochen. Inzwischen 1 EL Olivenöl bei niedriger Hitze in einer Pfanne erhitzen und die Schalotten darin 5–10 Minuten weich dünsten. Die Hälfte der Schalotten aus der Pfanne nehmen und beiseitestellen. Den gehackten Fenchel, Knoblauch, Zitronenschale und -saft sowie den restlichen Wein dazugeben, salzen und pfeffern. Zugedeckt bei schwacher Hitze köcheln, bis der Fenchel weich ist. Dann die Temperatur erhöhen, bis alle Flüssigkeit verkocht ist und das Gemüse Farbe annimmt.

Den gekochten Reis und die Hälfte des Parmesans hinzufügen, salzen und pfeffern. Schließlich die gehackten Kräuter untermischen. Die Fenchelknollen mit der Reismischung füllen und mit Semmelbröseln, gehackten frischen Kräutern und dem restlichen Parmesan bestreuen.

Für die Tomatensauce die Tomaten 10 Sekunden in kochendem Wasser blanchieren. Häuten, die Samen entfernen, das Fleisch fein hacken und beiseitestellen. Den Knoblauch mit den restlichen Schalotten in einem Topf bei niedriger Hitze 2 Minuten dünsten. Olivenöl und Wein dazugießen. Das Tomatenfleisch dazugeben und alles 5 Minuten köcheln lassen. Zucker, Tomatenmark und Zitronensaft dazugeben. Essig und Kräuter unterrühren. Eventuell etwas Wasser zugießen. Die Fenchelknollen mit Tomatensauce warm servieren.

Herzhafte Käsekuchen mit gesalzenen Honig-Walnüssen

Diese Variante eines klassischen Käsekuchens ist ideal für besondere Gelegenheiten. Verwenden Sie einen würzigen Lieblingskäse und Kräuter der Saison und servieren Sie das Ganze mit einem knackigen grünen Salat oder unserer Apfel-Sellerie-Minz-Sauce (siehe Seite 63).

Für den Boden
200 g Haferplätzchen
Salz und frisch gemahlener
   schwarzer Pfeffer
50 g Butter
3 EL Honig

Für die Füllung
150 g Frischkäse
150 g Ricotta
75 g Sauerrahm
1 TL Dijonsenf
3 Eigelb
100 g Feta oder Blauschimmelkäse
1 Handvoll Schnittlauch,
   fein gehackt
3 Eiweiß
50 g Parmesan (mit mikrobiellem
   Lab), fein gerieben

Für die gesalzenen Honig-Walnüsse
2 EL Honig
2 TL brauner Zucker
2 TL Meersalz, plus extra zum
   Bestreuen
100 g Walnüsse, gehackt

4 mittelgroße Tortenringe, gefettet

4 Portionen

Den Backofen auf 150 °C vorheizen.

Für den Boden die Haferplätzchen in der Küchenmaschine zerkleinern. Die Krümel in eine große Schüssel geben, salzen und pfeffern. Die Butter bei kleiner Hitze in einem Topf zerlassen, bis sie aufschäumt und golden wird. Vom Herd nehmen und den Honig unterrühren, bis er sich aufgelöst hat. Die Butter-Honig-Mischung mit den Kekskrümeln verrühren. Den Teig auf die Formen verteilen und gut festdrücken. Die Böden im vorgeheizten Backofen in 8–10 Minuten goldgelb backen.

Inzwischen Frischkäse, Ricotta, Sauerrahm, Senf und Eigelb in einer Schüssel locker und schaumig schlagen. Den Käse hineinkrümeln, den Schnittlauch unterrühren, salzen und pfeffern.

In einer weiteren Schüssel das Eiweiß halbsteif schlagen, dann vorsichtig unter die Käsemasse heben.

Die Backofentemperatur auf 160 °C erhöhen.

Die Creme auf den gebackenen Böden verteilen und mit Parmesan bestreuen. Im vorgeheizten Backofen 30–40 Minuten backen, bis die Käsekuchen oben golden und fest, aber bei leichtem Schütteln der Formen innen immer noch weich sind.

Für die gesalzenen Honig-Walnüsse den Honig mit Zucker und Salz in eine Pfanne geben. Bei niedriger Hitze unter Rühren schmelzen, bis sich der Zucker aufgelöst hat. Vom Herd nehmen und die Walnussstückchen hineinrühren, bis sie ganz umhüllt sind. Die Nüsse auf einem Backblech ausbreiten und mit Salz bestreuen. Abkühlen lassen.

Mit einem Messer die Käsekuchen in ihren Formen am Rand lösen und herausheben. Warm oder lauwarm servieren. Dazu die gesalzenen Honig-Walnüsse und nach Geschmack die Apfel-Sellerie-Minz-Sauce reichen.

Quiche mit Butternusskürbis, Feta und Salbei

Dieses einfache Quiche-Rezept funktioniert mit vielen verschiedenen Kombinationen aus Gemüse, Käse und Kräutern, sodass es je nach Geschmack abgewandelt werden kann.

Für den Teig
225 g Mehl
1 Pr Salz
130 g kalte Butter, gewürfelt
1 Eigelb, mit 2 EL Milch verquirlt

Für die Eiercreme
180 g Crème double oder Crème fraîche
3 große Eier
1 TL Dijonsenf
30 g Parmesan (mit mikrobiellem Lab), gerieben (nach Belieben)
Salz und frisch geriebener schwarzer Pfeffer

Für die Füllung
1 Butternusskürbis, geschält, ohne Kerne, gewürfelt
2 EL Olivenöl
1 TL frischer Salbei, fein gehackt
80 g Feta, zerkrümelt

1 runde Quiche-Form mit 23 cm Durchmesser, gefettet

4–6 Portionen

Den Backofen auf 190 °C vorheizen.

Mehl, Salz und Butter mit den Fingern zu Streuseln verkneten. Den Teig mit 1 ½ EL der Eigelb-Milch-Mischung beträufeln und einarbeiten. Wenn sich der Teig immer noch trocken anfühlt, einen weiteren ½ EL der Eigelb-Milch-Mischung hinzufügen und einarbeiten. Damit fortfahren, bis der Teig glatt und fest ist.

Auf einer leicht bemehlten Arbeitsfläche oder zwischen zwei Blättern Backpapier den Teig etwa 3 mm dick ausrollen. Boden und Rand der vorbereiteten Form vollständig auskleiden und überstehenden Teig abschneiden. Die Form für 30 Minuten in den Kühlschrank stellen.

Backpapier zuschneiden, sodass es etwas größer als die Quiche-Form ist. Auf den Teig legen, Backbohnen zum Blindbacken hineinfüllen und auf der oberen Schiene des vorgeheizten Backofens 15 Minuten backen. Die Bohnen und das Backpapier entfernen weitere 5 Minuten backen, bis sich die Oberfläche sandig anfühlt.

Für die Eiercreme alle Zutaten in einer Schüssel schlagen, bis sie gut vermischt sind. Durchseihen, damit die Mischung ganz glatt ist.

Für die Füllung die Backofentemperatur auf 200 °C erhöhen.

Die Kürbisstücke auf ein tiefes Blech verteilen, mit Öl beträufeln, salzen und pfeffern. Den Kürbis 30 Minuten im Backofen schmoren, bis er weich und leicht gebräunt ist. Abkühlen lassen, dann mit der Eiercreme, dem Feta und Salbei vermischen. Die Füllung auf den Quiche-Boden geben und auf der mittleren Schiene des Backofens etwa 20 Minuten backen, bis die Füllung gerade fest geworden, aber in der Mitte noch etwas weich ist. Lauwarm mit einem grünen Salat servieren.

Süße Leckereien

Süßes zaubert den meisten Menschen ein Lächeln aufs Gesicht. Und auch wenn die süßen Leckereien für die tägliche Ernährung nicht unbedingt notwendig sind, tun sie doch der Seele gut – und das ist genauso wichtig! Von leichten Obst-Desserts und Sorbets zu gebackenen Törtchen und Kuchen, jetzt ist Zeit für Genuss!

Rhabarber-Orangen-Vanille-Creme mit Shortbread

Diese traditionelle englische Nachspeise wird aus püriertem Obst und Schlagsahne gemacht. Sie ist äußerst wandlungsfähig und kann mit jedem Obst hergestellt werden. Hier haben wir die Sahne durch Joghurt ersetzt, was gesünder, aber genauso köstlich ist.

250 g Rhabarber, gewaschen und in Stücke geschnitten
2 EL Puderzucker
Fein geriebene Schale und Saft von 1 Orange
2 EL Feinzucker
500 g Naturjoghurt
1 TL Vanilleextrakt
1 EL Puderzucker, gesiebt

Für das Shortbread
110 g Butter
55 g Puderzucker und zusätzlich zum Bestreuen
1 TL Vanilleextrakt
180 g Mehl
Geriebene Schale von ½ Zitrone (nach Belieben)

1 runder Plätzchenausstecher mit geriffeltem Rand und 6 cm Durchmesser

4 Portionen

Für das Shortbread die Butter mit Zucker und Vanilleextrakt schaumig schlagen. Das Mehl hinzusieben, nach Geschmack die Zitronenschale hinzufügen und alles zu einem Teig rühren. Den Teig auf einer bemehlten Arbeitsfläche zu einer Dicke von ½ cm ausrollen. Mit dem Förmchen runde Plätzchen ausstechen und auf ein Backblech legen. Je mit etwas Puderzucker bestreuen und 30 Minuten im Kühlschrank kühlen.

Den Backofen auf 180 °C vorheizen.

Das Shortbread im vorgeheizten Backofen 10–12 Minuten backen, auf einem Kuchengitter auskühlen lassen. Sie sind zunächst weich, werden beim Auskühlen aber fest.

Für die Creme die Backofentemperatur auf 200 °C erhöhen.

Die Rhabarberstücke auf ein Blech geben, darüber Puderzucker, Orangenschale und die Hälfte des Safts verteilen. Im vorgeheizten Backofen in 15 Minuten weich garen, dann in eine Schüssel geben.

Den Zucker in einem Topf mit 4 EL Wasser bei niedriger Hitze verrühren, bis sich der Zucker aufgelöst hat. Die Temperatur erhöhen und den Sirup 2 Minuten kochen. Über den weichen Rhabarber gießen, den restlichen Orangensaft hinzufügen und zum Abkühlen beiseitestellen.

Ein Drittel der Rhabarber-Mischung im Mixer pürieren. Beiseitestellen.

Joghurt, Vanilleextrakt und Puderzucker verquirlen, dann mit dem restlichen Rhabarber verrühren. Je 1 Löffel Rhabarberpüree in Dessertschälchen füllen, dann die Joghurt-Mischung darauf verteilen, etwas Rhabarberpüree daraufgeben und mit einem Löffel marmorartig verrühren. Jede Portion mit etwas zerkrümeltem Shortbread bestreuen und mit je einem Plätzchen servieren.

Frangipane-Tarte
mit Pflaumen und Ingwer-Sahne

Eine Frangipane-Tarte ist ein ausgesprochen vielseitiges Dessert und mit Äpfeln, Pflaumen, Birnen oder Aprikosen schmeckt sie ganz besonders gut. Falls Sie gerade kein Obst im Haus haben, können Sie den Boden auch einfach mit Marmelade bestreichen und mit Mandelblättern bestreuen.

Für den Boden
1 Quiche-Boden (siehe Seite 116),
    zum Mehl 1 TL Zimt und
    2 ½ EL Rohrohrzucker geben

Für die Frangipane-Füllung
110 g Butter
110 g Zucker
2 Eier
1 TL Vanilleextrakt
30 g Mehl
110 g gemahlene Mandeln
400 g Pflaumen, gewaschen,
    entkernt, halbiert

Für die Ingwer-Sahne
150 g Schlagsahne
1 EL Puderzucker
2 EL Ingwersirup aus dem Glas
    mit eingelegtem Ingwer
1 EL eingelegter Ingwer aus dem
    Glas, fein gehackt

1 Quiche-Form mit 23 cm
Durchmesser

6–8 Portionen

Den Quiche-Teig vorbereiten und backen wie auf Seite 116 beschrieben. Zimt und Rohrohrzucker zum Teig geben und gut vermischen, ehe die Flüssigkeit dazukommt.

Die Backofentemperatur auf 180 °C reduzieren.

Für die Frangipane-Füllung Butter mit Zucker in einer Schüssel schaumig schlagen. Nacheinander die Eier hinzufügen, gründlich schlagen und dann den Vanilleextrakt dazugeben. In einer anderen Schüssel Mehl und gemahlene Mandeln vermischen, dann mit der Buttermischung verrühren, bis alles gut eingearbeitet ist. Die Frangipane-Mischung auf den Quiche-Boden geben, die Pflaumenhälften gleichmäßig darauf verteilen und leicht in den Teig drücken. Im vorgeheizten Backofen 30–40 Minuten backen, bis die Füllung golden, gut aufgegangen und bei Berührung fest ist. Auf einem Kuchengitter auskühlen lassen.

Sahne, Puderzucker und Sirup in einer Schüssel steif schlagen. Den gehackten Ingwer unterheben. Die warme Tarte mit der Ingwer-Sahne servieren.

Sommerbeeren-Sorbet mit Mandelhippen

Dieses einfache Sorbet ist leicht und frisch, ideal an einem warmen Tag oder nach einem üppigen Mahl. Je nach Saison können die gefrorenen durch frische Beeren ersetzt werden.

100 g Zucker
125 ml Wasser
500 g gefrorene Beeren
Geriebene Schale und Saft von
    1 Orange
1 TL Vanilleextrakt
1 Pr Salz
1 Eiweiß (nach Belieben)

Für die Mandelhippen
1 Eiweiß
25 g Mehl
40 g Zucker
25 g Butter, geschmolzen
1 Tropfen Vanilleextrakt
1 Handvoll Mandelblätter

Eismaschine (optional)

2–4 Portionen

Für das Sorbet Zucker und Wasser bei niedriger Temperatur in einem Topf rühren, bis sich der Zucker aufgelöst hat. Dann 2 Minuten bei hoher Temperatur sirupartig einkochen. Beeren, Orangenschale und -saft, Vanilleextrakt und Salz in einen anderen Topf geben. Den Zuckersirup darübergießen und alles 10 Minuten köcheln lassen. Zum Abkühlen beiseitestellen.

Die abgekühlte Mischung im Mixer glatt pürieren, durchsiehen und nach Gebrauchsanweisung in der Eismaschine gefrieren. Wenn keine Eismaschine vorhanden ist, die Mischung in einem luftdicht verschlossenen Gefäß in die Gefriertruhe stellen, bis sie anfängt fest zu werden (etwa 3–4 Stunden). Bevor sie zu fest wird, herausnehmen und nochmals pürieren. Dann in dem Behälter wieder in die Gefriertruhe stellen.

Für die Mandelhippen den Backofen auf 190 °C vorheizen.

Das Eiweiß in einer Schüssel mit einer Gabel schlagen, bis sich Bläschen bilden. Das Mehl darübersieben, den Zucker zufügen und unterrühren, dann Butter und Vanilleextrakt.

Je 1 TL der Mischung auf ein Backblech setzen und sehr dünn verstreichen. Mindestens je 2,5 cm Abstand lassen. Mit den Mandeln bestreuen.

Im vorgeheizten Backofen in etwa 5 Minuten goldgelb backen. Noch heiß mit einem Pfannenwender vorsichtig vom Blech heben und jeweils um ein Nudelholz oder den Stiel eines Holzlöffels wickeln. Wenn sie sich nicht mehr gut formen lassen, nochmals 30 Sekunden im Backofen erwärmen. Abkühlen lassen.

Sorbetkugeln mit den Mandelhippen servieren.

Haselnuss-Baisers mit Sahne und Himbeeren

Dieses Dessert hat sich Jane immer von ihrer Großmutter gewünscht. Es ist schnell gemacht und lässt sich gut vorbereiten.

Für die Baisers
3 Eiweiß
225 g Feinzucker
1 TL Vanilleextrakt
100 g Haselnüsse (oder Pekan- oder
   Walnüsse), sehr fein gehackt
16 Cracker, zerkrümelt
½ TL Backpulver

Für die Füllung
300 g kalte Schlagsahne
4 EL Puderzucker
50 g frische Himbeeren (oder
   Mangos oder Erdbeeren)

6–8 Portionen

Den Backofen auf 180 °C vorheizen.

Eiweiß in einer trockenen, fettfreien Schüssel steif schlagen. Löffelweise nach und nach den Zucker zugeben, die Mischung muss dabei immer steif bleiben. Vanilleextrakt unterrühren und die anderen Zutaten vorsichtig unterheben.

Die Baisers mit Abstand auf ein mit Backpapier belegtes Backblech löffeln oder spritzen. Auf der mittleren Schiene im vorgeheizten Backofen 25–30 Minuten backen, bis die Oberfläche der Baisers knusprig, das Innere aber immer noch weich ist. Auf einem Kuchengitter auskühlen lassen.

Für die Füllung Sahne mit Puderzucker schlagen, bis sie gerade steif ist. Auf die Hälfte der Baisers etwas von der Sahne sowie einige Himbeeren geben. Dann mit einem zweiten Baiser bedecken. Bis zum Servieren kalt stellen.

Mandel-Crumble mit Äpfeln und Brombeeren

Diese klassische Kombination ist immer ein Erfolg. Die Streusel backt man am besten separat, so dass sie durch und durch knusprig sind.

850 g Kochäpfel, Tafeläpfel oder
    eine Mischung von beiden,
    geschält, entkernt und gewürfelt
60 g Demerara-Zucker
Geriebene Schale von 2 Zitronen
½ TL gemahlener Zimt
1 Zimtstange
½ TL Vanilleextrakt oder
    1 Vanilleschote
Frisch geriebener Muskat,
    zum Abschmecken
360 g Brombeeren,
    frisch oder tiefgefroren
Frisch gepresster Zitronensaft,
    zum Abschmecken
50 g blanchierte Mandeln
    (nach Belieben)
Naturjoghurt oder Vanilleeis,
    zum Servieren

Für die Streusel
200 g Mehl (oder glutenfreies Mehl
    wie Reismehl)
80 g gemahlene Mandeln
1½ TL gemahlener Zimt
1 Pr Salz
125 g kalte Butter, in Würfeln
150 g Demerara-Zucker
30 g Mandelblätter (nach Belieben)

4–6 Portionen

Den Backofen auf 160 °C vorheizen.

Für die Streusel Mehl, Mandeln, Zimt und Salz in einer Schüssel verrühren. Die Butter vorsichtig mit den Fingern einarbeiten, bis der Teig fein krümelig ist. Zucker und nach Geschmack Mandelblätter hinzufügen und rühren, bis sich alles gut vermischt hat. Die Teigstreusel auf einem Backblech im vorgeheizten Backofen in 20 Minuten goldbraun backen. Nach der Hälfte der Backzeit die Streusel vorsichtig durchmischen.

Für die Obstfüllung Äpfel, Zucker, Zitronenschale, gemahlenen Zimt, Zimtstange, Vanille, Muskat und 4 EL Wasser in einen großen Topf geben. Bei mittlerer Hitze kochen, bis die Apfelstücke außen weich sind, aber immer noch ihre Form haben und der Zucker sich aufgelöst hat. Gegebenfalls noch etwas Wasser zufügen. Dann die Brombeeren dazugeben und erhitzen. Den Topf vom Herd nehmen, Zimtstange und Vanilleschote (falls verwendet) entfernen. Die Obstmischung mit Zitronensaft abschmecken, dann nach Geschmack die ganzen Mandeln unterrühren.

Die Obstmischung entweder auf Dessertteller oder einen großen Teller geben, mit den Streuseln bedecken und mit etwas Joghurt oder Vanilleeis servieren.

Pochierte Mandel-Pfirsiche mit Amaretti-Creme

Dieses elegante Dessert ist schnell zubereitet und schmeckt fruchtig und süß. Die Crème fraîche gibt dem Ganzen eine erfrischende Note. Die Pfirsiche kann man am Vortag zubereiten und im Kühlschrank aufbewahren.

50 g Pistazien, zum Servieren
300 g Feinzucker
400 ml Wasser
100 ml Mandellikör
Geriebene Schale und Saft von
  1 Zitrone
1 TL Vanilleextrakt
4 Sternanis
6 feste Pfirsiche, ganz, mit Haut

Für die Amaretti-Creme
100 g Amaretti (glutenfreies
  Produkt wählen), zerkrümelt
500 g Crème fraîche oder
  Sauerrahm
2 EL vom Pfirsichsud

6 Portionen

Für die gerösteten Pistazien den Backofen auf 200 °C vorheizen. Die Pistazien auf einem Backblech im vorgeheizten Backofen 5 Minuten leicht rösten. Abkühlen lassen und beiseitestellen.

Zucker und Wasser in einen Topf geben, der groß genug für die Pfirsiche ist. Bei niedriger Temperatur den Zucker unter Rühren auflösen, dann bei hoher Temperatur 5 Minuten kochen, ohne zu rühren. Die Temperatur reduzieren und Mandellikör, Zitronenschale und -saft, Vanilleextrakt und Sternanis hinzufügen.

Die ganzen Pfirsiche in den Topf geben und bei mittlerer Temperatur 15 Minuten kochen, dann den Topf vom Herd nehmen. Die Pfirsiche mit einer Schaumkelle aus dem Sud heben und abkühlen lassen, den Sud aufbewahren. Wenn die Pfirsiche abgekühlt sind, je nach Geschmack vorsichtig häuten.

Für die Amaretti-Creme kurz vor dem Servieren die zerkrümelten Kekse mit der Crème fraîche und 2 EL des Suds vermischen. Die Pfirsiche warm oder bei Zimmertemperatur mit je einem Löffel Amaretti-Creme, einem Spritzer von dem Sud und einigen gerösteten Pistazien servieren.

Ananas-Carpaccio

Dieses leichte Dessert ist erfrischend anders, mit einer subtilen Chili- und Zitrusnote. Es ist pur sehr lecker, aber Sie können es auch mit Joghurt, Eiscreme oder zu einem schokoladigen Nachtisch servieren.

100 g Feinzucker
400 ml Wasser
100 ml Ahornsirup
1 Pr Salz
1 Pr Safranfäden
1 Zimtstange
1 Vanilleschote, der Länge nach
   aufgeschlitzt
2 Sternanis
2 frische rote Chilischoten,
   sehr fein gehackt
Fein geriebene Schale und
   Saft von 2 Zitronen
1 kleine Pr zerstoßener schwarzer
   Pfeffer
50 ml weißer Rum (nach Belieben)
1 Ananas, geschält, horizontal in
   sehr dünne Scheiben geschnitten

4–6 Portionen

Den Zucker mit dem Wasser in einem Topf unter Rühren köcheln, bis sich der Zucker aufgelöst hat. Bei hoher Temperatur 5 Minuten ohne Rühren zu einem Sirup einkochen. Ahornsirup, Salz, Safran, Zimtstange, Vanilleschote und Sternanis hinzufügen. Die Mischung auf der ausgeschalteten Herdplatte mindestens 1–2 Stunden ziehen lassen. Den Sirup abseihen, die Vanilleschote herausnehmen, das Mark herauskratzen und mit Chili, Zitronenschale, schwarzem Pfeffer und nach Geschmack weißem Rum vermischen. 1 EL Zitronensaft hinzufügen und abschmecken.

Die Ananasscheiben in eine Schüssel geben, mit dem Sirup bedecken und mehrere Stunden oder über Nacht im Kühlschrank ziehen lassen. Pur servieren oder mit Vanilleeiscreme.

Karamell-Orangen mit Mascarpone und gerösteten Pistazien

Dieses einfache Dessert ist sehr lecker und eine gute Abrundung für jedes Essen. Besonders gut passt es nach unserer Gemüse-Tajine (siehe Seite 104). Ohne die Mascarpone-Creme ist es vegan.

1 Handvoll Pistazien
150 g Feinzucker
100 ml Wasser
2 Orangen, geschält und filetiert;
    Schale in Streifen geschnitten
    aufbewahren
Saft von ½ Orange

**Für die Mascarpone-Creme
(nach Belieben)**
250 g Mascarpone
1 EL Puderzucker
1 TL Vanilleextrakt

4 Portionen

Die Pistazien bei mittlerer Hitze in einer Pfanne anrösten, dann in ein frisches Geschirrtuch einschlagen und mit dem Nudelholz zerkleinern.

Die Orangenspalten auf einem Teller anrichten.

Den Orangensaft mit 200 ml Wasser in einem Krug vermischen, beiseitestellen.

Den Feinzucker mit Wasser in einem Topf unter Rühren köcheln, bis sich der Zucker aufgelöst hat, dann bei hoher Temperatur ohne Rühren (eventuell den Topf ab und zu leicht schwenken) kochen, bis die Flüssigkeit eine dunkle Terracottafarbe annimmt. Den Topf vorsichtig vom Herd nehmen und die Orangensaft-Mischung hineingießen. 2 EL Wasser und Orangenschalen dazugeben. Achtung, das Karamell kann spritzen. Die Mischung gut rühren, damit keine Klumpen entstehen, und über die Orangenspalten gießen. Etwa 1 Stunde marinieren lassen.

Mascarpone mit Puderzucker und Vanilleextrakt in einer Schüssel aufschlagen und mit den Orangen servieren. Darüber geröstete Pistazien streuen.

Biskuitkuchen
mit Aprikosen, Mandeln und Mandellikör

Ein leichter, saftiger und leckerer Kuchen ohne Mehl, der bestens für eine glutenfreie Ernährung geeignet ist. Da dies ein gerührter Biskuitteig ist, ist es für die Lockerheit entscheidend, möglichst viel Luft einzuarbeiten. Daher sollten die Zutaten möglichst vorsichtig untergehoben werden.

200 g gemahlene Mandeln, und zusätzliche für die Kuchenform
240 g Aprikosenhälften aus der Dose, abgetropft, den Saft aufbewahren
100 g Sahnejoghurt
6 Eigelb
180 g Demerara-Zucker
1 TL glutenfreies Backpulver
6 Eiweiß

Für den Sirup
4 EL Aprikosensaft aus der Dose
1 EL Honig oder Ahornsirup
2 EL Demerara-Zucker
Geriebene Schale von 1 Orange
2 EL Mandellikör

1 Springform mit 23 cm Durchmesser, Rand eingefettet, der Boden mit Backpapier ausgelegt

6–8 Portionen

Den Backofen auf 170 °C vorheizen. Den Boden der vorbereiteten Springform mit gemahlenen Mandeln bestreuen.

Die Aprikosenhälften im Mixer glatt pürieren. Den Joghurt hinzufügen und gut verrühren.

Eigelb und Zucker in einer Schüssel hellgelb, locker und schaumig schlagen. Die Aprikosencreme vorsichtig unterheben. Gemahlene Mandeln und Backpulver vermischen und ebenfalls unterheben. Eiweiß steif schlagen, vorsichtig unter den Teig heben und einarbeiten, bis keine weißen Klümpchen mehr zu sehen sind. Den Teig in die Form geben und im vorgeheizten Backofen 50–60 Minuten backen. Garprobe machen. Dieser Kuchen wird relativ dunkel, deshalb nach 30 Minuten Backzeit eventuell oben mit Backpapier abdecken. Herausnehmen und abkühlen lassen.

Für den Sirup Saft, Honig oder Ahornsirup, Zucker und Orangenschale bei niedriger Hitze in einem Topf köcheln, bis sich der Zucker aufgelöst hat. Anschließend zum Kochen bringen und 2–3 Minuten siruparitg einkochen. Schließlich nach Wunsch den Mandellikör hinzufügen und abschmecken.

Den Kuchen überall mit einem Holzstäbchen einstechen und den warmen Sirup löffelweise darübergeben. Mit dem restlichen Sirup servieren.

Schokoladen-Orangen-Brownies

Diese reichhaltigen, glutenfreien Brownies sind eine köstliche Leckerei für jede Gelegenheit. Man kann sie am Vormittag zum Kaffee genießen oder mit einer Kugel Vanilleeis als üppigen Nachtisch servieren.

100 g Butter
150 g dunkle Schokolade
100 g gemahlene Mandeln
30 g Kakaopulver, durchgesiebt
1 TL glutenfreies Backpulver
3 Eier
200 g Muscovado-Zucker
1 TL Vanilleextrakt
Geriebene Schale von 1 Orange

1 Kuchenform 20 × 30 cm,
mit Backpapier ausgelegt

6–8 Portionen

Den Backofen auf 160 °C vorheizen.

Butter und Schokolade in einer hitzebeständigen Schüssel über einem heißen Wasserbad schmelzen, zum Abkühlen beiseitestellen.

In einer Schüssel Mandeln, Kakao und Backpulver vermengen. In einer weiteren Schüssel Eier, Zucker, Vanilleextrakt und Orangenschale vermischen. Eine Mulde in die Mitte der trockenen Zutaten drücken, die Eiermischung sowie die geschmolzene Schokolade hineingießen und von innen nach außen gründlich verrühren. In die Kuchenform gießen.

Die Brownies im vorgeheizten Backofen etwa 25 Minuten backen, bis sie gut durch sind und sich leicht vom Rand der Form lösen. Wenn Sie die Brownies saftiger mögen, einige Minuten früher herausnehmen. In der Form auskühlen lassen, dann vorsichtig auf ein Kuchengitter stürzen und das Backpapier abziehen. Je nach Vorliebe in Quadrate oder Riegel schneiden. Warm mit Eiscreme servieren oder bis zum Verzehr in einem luftdichten Behälter aufbewahren.

Kekse mit Pistazien, weißer Schokolade und Cranberrys

Kekse passen als Leckerei nach dem Essen zu Kaffee oder Likör. Und besonders in der Weihnachtszeit sind sie ein wundervolles Geschenk. Das unten stehende Rezept kann jederzeit verändert werden. Die getrockneten Früchte, Nüsse und Gewürze lassen sich durch andere Zutaten ersetzen. So können Sie Ihre eigenen Geschmacksvarianten zaubern.

125 g Mehl, und zusätzlich Mehl zum Bestäuben
¼ TL Backpulver
80 g Zucker, und 1 EL zusätzlich
75 g Pistazien
50 g getrocknete Cranberrys
Fein geriebene Schale von 1 Zitrone
50 g weiße Schokotropfen
2 EL Sesam
1 Pr Salz
1 TL Vanilleextrakt
1 TL Zimt
50 g getrocknete Früchte, z. B. gehackte Aprikosen oder Rosinen
Geriebene Schale von 1 Orange
1½ Eier, leicht verquirlt

6–8 Portionen

Den Backofen auf 180 °C vorheizen.

Mehl und Backpulver in eine große Rührschüssel sieben, alle anderen Zutaten außer den Eiern hinzufügen und gut verrühren.

Die Hälfte der Eier zu der Mehlmischung geben und mit einem Löffel den Rest nach und nach hinzufügen, bis sich der Teig mit der Hand zusammenkneten lässt. Der Teig sollte weich und nicht zu klebrig sein. Den Teig in 3 gleich große Kugeln aufteilen, jede Kugel auf einer leicht bemehlten Arbeitsfläche zu einer Rolle von etwa 2,5 cm Dicke ausrollen.

Die Teigrollen mit je mindestens 6 cm Abstand auf ein mit Backpapier belegtes Backblech legen. Die Rollen mit den Fingern vorsichtig etwas platt drücken. Im vorgeheizten Backofen in 20–30 Minuten leicht goldbraun backen. Vorsichtig vom Blech nehmen und auf einem Kuchengitter 10–15 Minuten auskühlen lassen.

Die Backofentemperatur auf 140 °C reduzieren.

Sobald die Rollen abgekühlt sind, in diagonale Scheiben von etwa 2 cm Dicke schneiden. Die Kekse zurück aufs Blech legen und nochmals backen. Nach etwa 7 Minuten kontrollieren, ob die Kekse trocknen. Wenn sie in der Mitte golden sind, wenden. Nochmals 7 Minuten backen. Auf einem Kuchengitter auskühlen lassen, dann in einem luftdichten Behälter bis zum Verzehr aufbewahren.

Register

Danksagung

Es war ein fantastisches Erlebnis, dieses Buch zu verwirklichen. Ohne die Hilfe unseres talentierten Teams wäre das nicht möglich gewesen. Unser besonderer Dank gilt dem Team bei Ryland Peters & Small: Cindy Richards und Julia Charles für die tolle Gelegenheit und all die Ratschläge. Leslie Harrington, Sonya Nathoo, Ellen Parnavelas und Megan Smith für ihren Einsatz, mit dem sie unsere Rezepte auf dem Papier zum Leben erweckten, William Reavell für seine großartigen Fotografien, Rosie Reynolds für ihr wunderbares Foodstyling und Jo Harris für ihre fantastischen Requisiten, mit denen sie die perfekte Speisekammer erschuf. Und schließlich unseren Familien, die immer bereit waren, unsere Kreationen zu probieren. Im Besonderen Rob und Rachel und Jon für ihre Ermutigung, Beratung und Unterstützung.